21 donne nere eccezionali

Storie di donne nere influenti del 20° secolo: Daisy Bates, Maya Angelou e altre (Libro biografico per ragazzi e adulti)

Da Student Press Books

Tabella dei contenuti

Introduzione

Incontra le straordinarie donne nere del ²⁰° secolo - biografie per ragazzi/e dai 12 anni in su.

Benvenuta/o nella serie dedicata alla Storia dei Neri. Questo libro ti presenterà quelli che sono stati i modelli femminili neri del ²⁰° secolo. In 21 donne nere eccezionali troverai le ispiranti biografie delle pioniere in America, Africa ed Europa.

Hai mai voluto leggere le vite delle donne nere che hanno fatto la differenza nel nostro mondo?

Questo libro è per chiunque voglia sapere di più su queste incredibili donne, con le storie di 21 donne nere eccezionali che hanno fatto la differenza nel nostro mondo e aperto la strada alle generazioni future. Ti presenteremo personaggi importanti come Daisy Bates, Hattie McDaniel, Toni Morrison, Shonda Rhimes, e molte altre!

Queste donne nere hanno superato gli ostacoli e realizzato grandi cose nonostante le circostanze. L'unica cosa che può rendere migliori queste storie incredibili è sapere che sono vere. Queste donne sono state, e sono tutt'ora, delle vere eroine che hanno fatto tanto per tutti noi.È il momento di riconoscere i loro successi e assicurarsi che la loro eredità viva per sempre. È anche importante ricordare quanta strada abbiamo fatto da allora, ora ci sono molte più opportunità là fuori per le giovani donne nere che mai!

<u>Questo libro della serie Storia dei Neri comprende:</u>

- Biografie affascinanti - Lasciati ispirare dalle storie di icone famose e influenti come Bessie Coleman, Miriam Makeba, Ellen Johnson Sirleaf e altre.
- Ritratti vivaci - Fairivivere queste donne nella tua immaginazione con l'aiuto di foto e illustrazioni avvincenti.

Sulla serie: La serie Storia dei Neri di Student Press Books presenta nuove prospettive sulle icone nere che ispireranno i/le giovani lettori/lettrici a considerare il loro posto in una società sempre più diversificata. Chi sarà la tua prossima fonte di ispirazione?

21 Donne Nere Eccezionali si spinge ben oltre gli altri libri biografici sull'empowerment nero per evidenziare temi e personaggi da tutto il mondo. È anche un ottimo regalo per figlie, sorelle o nipoti.

Il tuo regalo

Hai un libro nelle tue mani.

Non è un libro qualsiasi, è un libro della Student Press Books! Scriviamo di eroi neri, donne che danno potere, mitologia, filosofia, storia e altri argomenti interessanti!

Dato che hai comprato un libro, vogliamo che tu ne abbia un altro gratis.

Tutto ciò di cui hai bisogno è un indirizzo e-mail e la possibilità di iscriverti alla nostra newsletter (il che significa che puoi cancellarti in qualsiasi momento).

Allora, cosa stai aspettando? Iscriviti oggi e richiedi il tuo libro gratis all'istante! Tutto quello che devi fare è visitare il link qui sotto e inserire il tuo indirizzo e-mail. Ti verrà inviato il link per scaricare subito la versione PDF del libro in modo da poterlo leggere offline in qualsiasi momento.

E non preoccupatevi - non ci sono fregature o costi nascosti; solo un buon vecchio omaggio da parte nostra qui a Student Press Books.

Visita subito questo link e iscriviti per ricevere la tua copia gratuita di uno dei nostri libri!

Link: https://campsite.bio/studentpressbooks

Bessie Coleman (1893-1926)

Prima aviatrice afroamericana

*"Se riesco a creare il minimo dei miei piani e desideri,
non ci saranno rimpianti".*

L'aviatrice statunitense Bessie Coleman divenne la prima donna afroamericana a pilotare un aereo. Si fece un nome come star delle prime mostre aeronautiche e degli spettacoli aerei.

Elizabeth Coleman potrebbe essere nata il 26 gennaio 1893 (le fonti non concordano sull'anno) ad Atlanta, Texas, ma è cresciuta a Waxahatchie, Texas. La famiglia di Coleman era povera e, quando era ancora una bambina, Coleman aiutava spesso negli affari di cotone della famiglia. Frequentò brevemente il college a Langston, Oklahoma, e poi si trasferì a

Chicago, Illinois. Lì Coleman lavorò come manicure e manager di un ristorante e si interessò all'allora nuova professione dell'aviazione.

Di fronte alla discriminazione razziale, a Coleman fu impedito di entrare nelle scuole di aviazione degli Stati Uniti. Imperterrita, imparò il francese e a 27 anni fu accettata in una scuola di aviazione a Le Crotoy, in Francia. I filantropi neri Robert S. Abbott, fondatore del giornale Chicago Defender, e Jesse Binga, un banchiere, la aiutarono con la sua retta.

Il 15 giugno 1921, Bessie Coleman divenne la prima donna americana a ottenere una licenza di pilota internazionale dalla Fédération Aéronautique Internationale. Durante l'addestramento in Francia, si specializzò nel volo acrobatico e nel paracadutismo, e i suoi exploit furono ripresi dai cinegiornali dell'epoca.

Bessie Coleman alla fine tornò negli Stati Uniti, e il 3 settembre 1922, ha intrapreso il primo volo pubblico di una donna afroamericana. Coleman divenne un volantino popolare a spettacoli aerei in tutto il paese, anche se ha rifiutato di esibirsi davanti al pubblico segregato nel sud.

Coleman raccolse anche denaro per fondare una scuola per addestrare gli aviatori neri. Prima che la scuola diventasse una realtà, però, il 30 aprile 1926, a Jacksonville, in Florida, mentre si preparava per uno spettacolo, l'aereo su cui Coleman viaggiava andò fuori controllo, catapultandola a 600 metri dalla morte.

In evidenza

- Una di 13 figli, Bessie Coleman crebbe a Waxahatchie, Texas, dove la sua attitudine matematica la liberò dal lavoro nei campi di cotone.
- La discriminazione ostacolò i tentativi di Coleman di entrare nelle scuole di aviazione negli Stati Uniti. Imperterrita, imparò il francese e nel 1920 fu accettata alla Caudron Brothers School of Aviation a Le Crotoy, in Francia.
- Durante l'addestramento in Francia, si specializzò nel volo acrobatico e nel paracadutismo; i suoi exploit furono ripresi dai cinegiornali.

- Tornò negli Stati Uniti, dove i pregiudizi razziali e di genere le impedirono di diventare un pilota commerciale. Il volo acrobatico, o barnstorming, era la sua unica opzione di carriera.

---

1. Pensi che nel mondo di oggi esistano ancora barriere che impediscono alle persone di avere successo in base al colore della pelle o al sesso?
2. Non ci si sente stupefatti e responsabilizzati quando una donna nera ha successo al giorno d'oggi?
3. Chi sono alcuni dei tuoi eroi femminili neri preferiti nella letteratura o nella cultura pop di recente?

Daisy Bates (1914-1999)
Attivista dei diritti civili afroamericano

"L'uomo che non sbaglia mai prende sempre ordini da uno che lo fa. Nessun uomo o donna che cerca di perseguire un ideale a modo suo è senza nemici".

La giornalista statunitense e attivista per i diritti civili Daisy Bates ha resistito a intimidazioni economiche, legali e fisiche per difendere l'uguaglianza razziale, in particolare nell'integrazione delle scuole pubbliche di Little Rock, Ark. Per il suo lavoro con il gruppo di nove studenti che furono i primi afroamericani ad entrare alla Central High School di Little Rock, lei e gli studenti ricevettero la Spingarn Medal nel 1958.

Daisy Lee Gatson è nata il 10 novembre 1914 a Huttig, Ark. Fu adottata da bambina dopo l'omicidio della madre e la successiva fuga del padre per la sua stessa sicurezza, prima che potesse iniziare il processo contro i tre uomini bianchi sospettati dell'omicidio. Frequentò le scuole pubbliche segregate di Huttig, dove sperimentò in prima persona le cattive condizioni in cui venivano educati gli studenti neri. Nel 1941 sposò L.C. Bates, un venditore di assicurazioni ed ex giornalista, e insieme si trasferirono a Little Rock. L'anno seguente si unì al marito nel suo giornale settimanale, l'Arkansas State Press. Il giornale si concentrò sulla necessità di miglioramenti sociali ed economici per i residenti neri dello stato e divenne noto per la sua impavida segnalazione di atti di brutalità della polizia contro i soldati neri di un vicino campo militare.

Come sostenitore pubblico e a gran voce di molti dei programmi della National Association for the Advancement of Colored People (NAACP), Bates fu scelto nel 1952 per servire come presidente della conferenza statale della sezione dell'Arkansas dell'organizzazione. Dopo che la Corte Suprema degli Stati Uniti ritenne la segregazione incostituzionale nel 1954, Bates guidò la protesta della NAACP contro il piano del consiglio scolastico di Little Rock per una lenta integrazione delle scuole pubbliche e fece invece pressione per un'integrazione immediata. Cominciò personalmente a portare i bambini neri nelle scuole pubbliche bianche, accompagnata da fotografi di giornali che registravano ogni caso in cui i bambini venivano rifiutati. Questa intensa pressione indusse il consiglio scolastico ad annunciare il suo piano per iniziare la desegregazione alla Central High School nel settembre 1957. Bates e i nove studenti neri che furono scelti per iscriversi alla scuola superiore resistettero ai tentativi di intimidazione da parte dell'opposizione bianca di Little Rock, che includevano raduni, azioni legali, minacce e atti di violenza. Agli studenti neri fu impedito di entrare nella scuola finché finalmente, il 24 settembre, il presidente Dwight D. Eisenhower ordinò a tutte le unità della Guardia Nazionale dell'Arkansas e a 1.000 paracadutisti di far rispettare l'integrazione della scuola. Il giorno dopo, Bates e gli studenti furono scortati in sicurezza nella scuola. Continuò ad essere una sostenitrice degli studenti per tutto il loro tempo nella scuola.

I Bates furono costretti a chiudere la Arkansas State Press nel 1959 a causa dei loro sforzi di desegregazione. Daisy Bates pubblicò un libro sulle sue esperienze, The Long Shadow of Little Rock, nel 1962. Negli anni successivi, lavorò per la campagna di educazione degli elettori del Comitato Nazionale Democratico e per i programmi antipovertà del presidente Lyndon B. Johnson a Washington, D.C. Dopo aver subito un ictus nel 1965, tornò nel suo stato natale e nel 1968 iniziò a lavorare per un progetto di rivitalizzazione della comunità a Mitchellville, Ark. Ha fatto risorgere la Arkansas State Press nel 1984, ma l'ha venduta diversi anni dopo. Bates mantenne il suo coinvolgimento in numerose organizzazioni comunitarie e ricevette numerosi riconoscimenti per il suo contributo all'integrazione delle scuole di Little Rock. Morì il 4 novembre 1999 a Little Rock.

In evidenza

- Daisy Gaston ha frequentato le scuole pubbliche segregate di Huttig, dove ha sperimentato in prima persona le cattive condizioni in cui venivano educati gli studenti neri.
- Daisy Bates pubblicò la sua autobiografia, The Long Shadow of Little Rock, nel 1962.
- Ha fatto risorgere la Arkansas State Press nel 1984, ma l'ha venduta diversi anni dopo.
- Bates ha mantenuto il suo coinvolgimento in numerose organizzazioni comunitarie e ha ricevuto numerose onorificenze per il suo contributo all'integrazione delle scuole di Little Rock.

Domande di ricerca

1. Quale donna nera ti ispira di più? Perché?
2. Dove sarebbe un buon posto per altri lettori per saperne di più su questa persona?
3. Quali sono alcune delle ragioni per cui celebriamo le donne nel mese della storia nera?

Miriam Makeba (1932-2008)

Cantante sudafricano e primo africano a ricevere un premio Grammy

La cantante sudafricana Miriam Makeba era conosciuta come "Mama
Afrika". Makeba è stata la prima cantante africana a ricevere un Grammy,
un premio dato per risultati eccezionali nell'industria discografica
statunitense. Era anche nota per aver parlato contro l'apartheid e il
razzismo ovunque.

Zenzile Miriam Makeba è nata il 4 marzo 1932 nella township Prospect
vicino a Johannesburg. È cresciuta a Sophiatown, un sobborgo di
Johannesburg. Ha iniziato a cantare nel coro della scuola quando era una

bambina. Negli anni '50 era la cantante di un gruppo chiamato Manhattan Brothers. Più tardi cantò con un gruppo tutto femminile, le Skylark.

Nel 1959 Makeba recitò nel musical King Kong di Todd Matshikiza. Il cantante americano Harry Belafonte la notò. Aiutò Makeba a viaggiare negli Stati Uniti nel 1959.

Nel 1960 il governo sudafricano non permise a Makeba di tornare in Sudafrica. Il governo vietò i dischi di Makeba nel 1963. Le tolsero anche il passaporto. Visse all'estero per 30 anni. Durante questo periodo, testimoniò davanti alle Nazioni Unite contro l'apartheid. Makeba sposò il trombettista Hugh Masekela nel 1964. Divorziarono presto ma continuarono a lavorare insieme.

Makeba ha avuto una carriera di successo all'estero. Era particolarmente popolare per le sue canzoni isiXhosa (lingua Xhosa) e isiZulu (lingua Zulu). Divenne famosa per canzoni come "Pata Pata" (1967) e la "Click Song" (1960). Nel 1965 Makeba e Belafonte vinsero un Grammy per il loro album An Evening with Belafonte/Makeba.

Con il suo prossimo marito, l'attivista per i diritti civili Stokely Carmichael (poi Kwame Toure), Makeba visse per un periodo in Guinea, in Africa occidentale. Più tardi visse in Belgio. Durante il suo esilio si esibì in molti altri paesi. Nel 1990 il leader nero sudafricano Nelson Mandela fu rilasciato dalla prigione. Mandela chiese a Makeba di tornare in Sudafrica. In Sudafrica fu onorata come eroina della lotta contro l'apartheid.

Makeba ha registrato più di 30 album durante la sua vita. Ha ricevuto molti premi e riconoscimenti internazionali. Miriam Makeba è morta il 10 novembre 2008, dopo aver tenuto un concerto in Italia.

In evidenza

- Alla fine degli anni '50 il canto e le registrazioni di Miriam Makeba l'avevano resa ben nota in Sudafrica, e la sua apparizione nel film documentario Come Back, Africa (1959) attirò l'interesse di Harry Belafonte e di altri artisti americani.
- Nel 1960 a Makeba fu negato il rientro in Sudafrica, e da allora visse in esilio per tre decenni.

- Nel 1990 l'attivista nero sudafricano Nelson Mandela, che era appena stato rilasciato dalla sua lunga prigionia, incoraggiò Makeba a tornare in Sudafrica, e lei vi si esibì nel 1991 per la prima volta dal suo esilio.
- Miriam Makeba ha fatto 30 album originali, oltre a 19 album di compilation e apparizioni nelle registrazioni di diversi altri musicisti.

Domande di ricerca

---

1. Come pensi che sia stata considerata influente? Quale contributo ha dato al mondo?
2. In che modo il suo contributo influenza la tua vita oggi?
3. Se ci fosse una cosa che potrebbe chiederle, quale sarebbe?

Marian Anderson (1897-1993)

Il primo afroamericano ad esibirsi con il Metropolitan Opera di New York

"La paura è una malattia che divora la logica e rende l'uomo disumano".

Il contralto americano Marian Anderson fu un pioniere nel superare la discriminazione razziale. Dopo che le fu proibito di cantare nella Constitution Hall di Washington, D.C., a causa della sua etnia, si esibì (1939) sui gradini del Lincoln Memorial davanti a un pubblico di più di 75.000 persone, aumentando così la consapevolezza pubblica dei pregiudizi esistenti.

Marian Anderson fu la prima afroamericana a cantare al Metropolitan Opera di New York City (1955), dove interpretò Ulrica in una rappresentazione di Un ballo in maschera di Giuseppe Verdi. La sua voce era una cosa rara, un autentico contralto profondo.

La Anderson è nata il 17 febbraio 1897 a Philadelphia, in Pennsylvania. Ha iniziato a cantare in una chiesa battista all'età di sei anni. Nel 1925 la Anderson fu selezionata tra 300 concorrenti per apparire come solista con la New York Philharmonic Orchestra, dopo di che passò dieci anni a studiare e cantare in Europa.

Principalmente una recitalista, la Anderson non cantò altri ruoli operistici. Il suo repertorio comprendeva oratori, lieder (canzoni d'arte tedesche), e soprattutto la musica di Johann Sebastian Bach, George Frideric Handel, Gustav Mahler, Jean Sibelius, e spirituals. L'autobiografia di Marian Anderson, My Lord, What a Morning, apparve nel 1956. Tra i suoi numerosi premi c'era la medaglia Spingarn del 1939. Morì l'8 aprile 1993 a Portland, Oregon.

In evidenza

- La Anderson mostrò un talento vocale fin da bambina, ma la sua famiglia non poteva permettersi di pagare una formazione formale. Dall'età di sei anni, è stata istruita nel coro della Union Baptist Church, dove ha cantato parti scritte per basso, alto, tenore e soprano.
- Il 7 gennaio 1955, divenne la prima cantante afroamericana ad esibirsi come membro del Metropolitan Opera di New York City.
- Nel 1977 il suo 75° compleanno fu segnato da un concerto di gala alla Carnegie Hall.
- Tra la sua miriade di onorificenze e premi c'erano la National Medal of Arts nel 1986 e il Grammy Award alla carriera dell'industria musicale statunitense nel 1991.

Domande di ricerca

---

1. Chi sarebbe la tua scelta per le donne nere più importanti della storia?
2. Che consiglio darebbe alle giovani ragazze nere che non sanno ancora qual è il loro posto nella società?
3. Qual è una citazione di una donna nera che ti ispira di più?

Maya Angelou (1928-2014)
Poeta, drammaturgo e interprete afroamericano

Maya Angelou ha prodotto diverse autobiografie che esplorano i temi
dell'oppressione. Hanno esaminato in particolare i modi in cui la società
tratta le persone che sono povere, nere e donne. Angelou divenne la
prima donna afroamericana ad avere un film adattato da una delle sue
storie quando la sua sceneggiatura *Georgia, Georgia* fu prodotta nel 1972.

Nata Marguerite Johnson il 4 aprile 1928 a St. Louis, Missouri, Angelou
trascorse gran parte della sua infanzia vivendo con la nonna paterna nella
zona rurale di Stamps, Arkansas. Dopo che il fidanzato di sua madre l'ha
aggredita quando aveva otto anni, ha attraversato un lungo periodo di
mutismo.

Questa prima vita è al centro della prima opera autobiografica della
Angelou, *I Know Why the Caged Bird Sings* (1970). I successivi volumi
autobiografici includono *Gather Together in My Name* (1974), *Singin' and*

Swingin' and Gettin' Merry Like Christmas (1976), *The Heart of a Woman* (1981), *All God's Children Need Traveling Shoes* (1986), *A Song Flung Up to Heaven* (2002) e *Mom & Me & Mom (2013).*

Nel 1940 Angelou si trasferì con la madre a San Francisco, in California. Ad un certo punto lavorò come ballerina, durante il quale assunse il suo nome professionale. Alla fine degli anni '50 Angelou si stabilì a New York, New York, e fu incoraggiata a scrivere dai membri della Harlem Writers' Guild.

Nello stesso periodo, Maya Angelou vinse un ruolo in una produzione di *Porgy and Bess* di George Gershwin, e rimase con la troupe, girando alla fine 22 paesi in Europa e Africa. Ha anche studiato danza con Martha Graham e Pearl Primus. Nel 1961 Angelou si esibì in *The Blacks* di Jean Genet.

Quello stesso anno, un dissidente sudafricano con cui Angelou era brevemente sposata la convinse a trasferirsi al Cairo, in Egitto, dove lavorò per l'*Arab Observer*. Più tardi si trasferì in Ghana e lavorò a *The African Review*.

Nel 1966 Maya Angelou tornò in California, dove scrisse *Black, Blues, Black*, una serie televisiva in 10 parti sul ruolo della cultura africana nella vita americana. Andò in onda nel 1968. Ha anche recitato in diverse produzioni televisive, tra cui la miniserie *Roots* (1977), e in film come *Poetic Justice* (1993) e *How to Make an American Quilt* (1995). Nel 1998 Angelou fece il suo debutto alla regia con *Down in the Delta* (1998).

La poesia della Angelou, raccolta in volumi come *Just Give Me a Cool Drink of Water 'fore I Diiie* (1971), *And Still I Rise* (1978), *Now Sheba Sings the Song* (1987) e *I Shall Not Be Moved* (1990), attinge molto alla sua storia personale. Ha anche scritto un libro di meditazioni, *Wouldn't Take Nothing for My Journey Now* (1993), e un libro pieno di aneddoti e consigli alle donne intitolato *Lettera a mia figlia* (2008), anche se il suo unico figlio biologico era maschio.

I libri per bambini di Maya Angelou includono *La mia casa dipinta, Il mio pollo amico e io* (1994) e *La vita non mi fa paura* (1998). La serie *Maya's World* è stata pubblicata nel 2004-05 e presentava storie di bambini di varie parti del mondo.

Nel 1981 Maya Angelou divenne professore di Studi Americani alla Wake Forest University, Winston-Salem, North Carolina. È stata insignita della Medaglia presidenziale della libertà nel 2011. Angelou è morta il 28 maggio 2014 a Winston-Salem.

In evidenza

- La poesia di Maya Angelou, raccolta in volumi come Just Give Me a Cool Drink of Water 'fore I Diiie (1971), And Still I Rise (1978), Now Sheba Sings the Song (1987) e I Shall Not Be Moved (1990), attinse molto alla sua storia personale ma impiegò i punti di vista di vari personaggi.
- Ha anche scritto un libro di meditazioni, Wouldn't Take Nothing for My Journey Now (1993), e libri per bambini che includono My Painted House, My Friendly Chicken and Me (1994), Life Doesn't Frighten Me (1998), e la serie Maya's World, pubblicata nel 2004-05, con storie di bambini di varie parti del mondo.
- Ha celebrato il 50° anniversario delle Nazioni Unite nella poesia "A Brave and Startling Truth" (1995) e ha elogiato Nelson Mandela nella poesia "His Day Is Done" (2013), che è stata commissionata dal Dipartimento di Stato americano e pubblicata sulla scia della morte del leader sudafricano.
- Nel 2011 Angelou ha ricevuto la Medaglia presidenziale della libertà.

Domande di ricerca

1. Pensa che le donne abbiano avuto più facilità o più difficoltà a trovare il successo rispetto agli uomini negli ultimi decenni?
2. Qual è una cosa che fa di una donna una "donna ispiratrice"?
3. Le donne stanno lavorando in modo più intelligente per il futuro? Perché o perché no?

Ellen Johnson Sirleaf (nata nel 1938)

Il primo capo di stato femminile eletto in Africa

> *"La dimensione dei tuoi sogni deve sempre superare la tua attuale capacità di realizzarli. Se i vostri sogni non vi spaventano, non sono abbastanza grandi".*

Il 16 gennaio 2006, Ellen Johnson Sirleaf ha giurato come presidente della Liberia. Nel suo discorso inaugurale ha promesso di porre fine alle lotte civili e alla corruzione, di stabilire l'unità e di ricostruire le infrastrutture devastate del paese. La vittoria della Johnson Sirleaf nelle elezioni presidenziali del 2005 ha reso la "Lady di ferro" il primo capo di stato donna eletto in Africa.

È nata a Monrovia, Liberia, il 29 ottobre 1938, di origine mista Gola e tedesca. (Suo padre fu il primo indigeno liberiano a sedere nella legislatura nazionale). Ha studiato al College of West Africa di Monrovia e a 17 anni ha sposato James Sirleaf (hanno poi divorziato). Nel 1961

Johnson Sirleaf andò negli Stati Uniti per studiare economia e amministrazione aziendale. Dopo aver ottenuto un master in amministrazione pubblica all'Università di Harvard nel 1971, entrò nel servizio governativo in Liberia.

Ellen Johnson Sirleaf ha servito come assistente ministro delle finanze (1972-1973) sotto il presidente William R. Tolbert e come ministro delle finanze (1980-1985) nella dittatura militare di Samuel K. Doe. Divenne nota per la sua integrità finanziaria personale e si scontrò con entrambi i capi di stato. Durante il regime di Doe fu imprigionata due volte ed evitò per un pelo l'esecuzione.

Nelle elezioni nazionali del 1985, Johnson Sirleaf fece campagna per un seggio al Senato criticando apertamente il governo militare, il che portò al suo arresto e a una condanna a 10 anni di prigione. Fu rilasciata dopo poco tempo e le fu permesso di lasciare il paese. Durante i 12 anni di esilio in Kenya e negli Stati Uniti, è diventata un'influente economista per la Banca Mondiale, Citibank e altre istituzioni finanziarie internazionali. Dal 1992 al 1997 Ellen Johnson Sirleaf è stata direttrice dell'Ufficio Regionale per l'Africa del Programma di Sviluppo delle Nazioni Unite.

Johnson Sirleaf si candidò alle elezioni del 1997, rappresentando il Partito dell'Unità (UP). Ha sottolineato la sua esperienza finanziaria, il suo non coinvolgimento nella guerra civile e le qualità personali di compassione, sacrificio e saggezza che aveva sviluppato come madre di quattro figli. Johnson Sirleaf arrivò seconda a Charles Taylor e fu costretta a tornare in esilio quando il suo governo la accusò di tradimento.

Nel 1999 la Liberia era nuovamente sprofondata nella guerra civile. Taylor fu convinto ad andare in esilio in Nigeria nel 2003, e Johnson Sirleaf tornò in Liberia per presiedere la Commissione per il Buon Governo, che supervisionava i preparativi per le elezioni democratiche. Nel ballottaggio delle elezioni presidenziali dell'8 novembre 2005, ha vinto il 59,5% dei voti contro la leggenda del calcio in pensione George Weah, che ha rifiutato un posto nella sua amministrazione ma ha poi rilasciato una dichiarazione pubblica di sostegno.

Con più di 15.000 forze di pace dell'ONU in Liberia e la disoccupazione all'80%, il nuovo presidente ha affrontato sfide serie. Nei suoi primi 100 giorni in carica, la Johnson Sirleaf ha visitato la Nigeria e gli Stati Uniti per cercare una riduzione del debito e l'aiuto della comunità internazionale, ha istituito una commissione per la verità e la riconciliazione per indagare sulla corruzione e sanare le tensioni etniche, ha licenziato l'intero staff del ministero delle Finanze e ha pubblicato un programma di espansione dell'istruzione femminile. Alla fine del 2010 l'intero debito della Liberia era stato cancellato e Johnson Sirleaf aveva assicurato milioni di dollari di investimenti stranieri nel paese.

Johnson Sirleaf è stata una delle tre destinatarie, insieme a Leymah Gbowee e Tawakkul Karman, del premio Nobel per la pace 2011 per i loro sforzi per promuovere i diritti delle donne. Più tardi nel 2011 è stata rieletta come presidente della Liberia. Il progresso economico è continuato durante il suo secondo mandato fino a quando il paese è stato colpito dalla devastante malattia del virus Ebola nel 2014. La malattia ha causato la morte di più di 4.800 liberiani e ha paralizzato l'economia del paese.

Ellen Johnson Sirleaf, a cui è stato costituzionalmente impedito di cercare un terzo mandato consecutivo, non ha corso alle elezioni presidenziali del 2017 in Liberia. Il suo compagno di corsa delle due precedenti elezioni, il vicepresidente Joseph Boakai, è diventato il candidato presidenziale dell'UP.

Dopo il primo turno di votazioni, tuttavia, Ellen Johnson Sirleaf è stata accusata dall'UP di aver sostenuto un altro candidato presidenziale: il suo precedente avversario, George Weah. Lei ha negato le accuse, ma l'UP l'ha espulsa dal partito nel gennaio 2018. Più tardi quel mese, il 22 gennaio, si è dimessa da presidente. Alla Johnson Sirleaf è succeduto Weah, che aveva sconfitto facilmente Boakai al secondo turno di votazioni.

In evidenza

- Con più di 15.000 forze di pace delle Nazioni Unite nel paese e un tasso di disoccupazione dell'80%, la Johnson Sirleaf si è trovata ad affrontare serie sfide.

- Alla fine del 2010 l'intero debito della Liberia era stato cancellato e Johnson Sirleaf aveva assicurato milioni di dollari di investimenti stranieri nel paese.
- Anche se la Johnson Sirleaf è stata rieletta con poco più del 90% dei voti, la sua vittoria è stata offuscata dal ritiro di Tubman e dalla bassa affluenza alle urne, che è stata meno della metà di quella del primo turno.
- Johnson Sirleaf è stata una delle tre destinatarie, insieme a Leymah Gbowee e Tawakkul Karmān, del premio Nobel per la pace 2011 per i loro sforzi per promuovere i diritti delle donne.

Domande di ricerca

---

1. Scegli una donna influente e dicci perché è importante per la tua vita, e magari la sua storia.
2. Chi sono altre donne intellettuali nere che ti hanno influenzato?
3. Conosci qualche libro o film su donne nere forti e indipendenti del 20° secolo?

Coretta Scott King (1927-2006)

Autore americano e leader del movimento per i diritti civili

> *"Non importa quanto siano forti le tue opinioni. Se non usi il tuo potere per un cambiamento positivo, sei davvero parte del problema".*

Con suo marito, Martin Luther King, Jr. Coretta Scott King fu una figura centrale nel movimento per i diritti civili degli Stati Uniti degli anni '50 e '60. Dopo l'assassinio del marito nel 1968, la King continuò come leader del movimento e lavorò per stabilire il Martin Luther King, Jr, Center for Nonviolent Social Change.

Coretta Scott è nata il 27 aprile 1927 a Marion, Ala. I suoi genitori possedevano una fattoria nella vicina Heiberger. Durante la Grande

Depressione del 1930, Coretta e suo fratello e sua sorella raccoglievano il cotone per aiutare a mantenere la famiglia. Ha frequentato la scuola superiore a Marion, dove ha cantato nei recital scolastici.

Coretta Scott continuò a studiare musica mentre frequentava l'Antioch College di Yellow Springs, Ohio. Ricevette un B.A. in musica ed educazione da Antioch e, nel 1951, si iscrisse come studente borsista al New England Conservatory of Music di Boston, avendo deciso di perseguire una carriera come cantante professionista.

Mentre era a Boston, Coretta Scott incontrò Martin Luther King, Jr. che allora era uno studente laureato in teologia alla Boston University. Si sposarono nel 1953. Nel 1954, dopo che la King aveva completato la sua laurea, si trasferirono a Montgomery, Ala, dove suo marito aveva accettato la posizione di pastore alla Dexter Avenue Baptist Church.

Dall'inizio del suo matrimonio, Coretta Scott King fu una partner a pieno titolo nelle attività per i diritti civili del marito. Prese parte al boicottaggio degli autobus di Montgomery nel 1955, anche se la prima figlia dei King, Yolanda, era nata solo due settimane prima dell'inizio del boicottaggio. Nonostante le esigenze di crescere una famiglia che alla fine comprendeva quattro figli, Coretta Scott King perseguì anche i suoi progetti personali legati al movimento per i diritti civili, compresa una serie di Freedom Concerts che raccoglievano fondi per la Southern Christian Leadership Conference.

Coretta Scott King aveva un'agenda fitta di impegni come oratrice, rivolgendosi a chiese, associazioni accademiche e gruppi di attivisti. La King fu delegata alla Conferenza sul disarmo del 1962 a Ginevra, in Svizzera, e prese parte alle manifestazioni a sostegno del passaggio della legge sui diritti civili del 1964.

Quattro giorni dopo l'assassinio di Martin Luther King a Memphis, il 4 aprile 1968, Coretta Scott King guidò 50.000 persone in una marcia attraverso Memphis. Più tardi prese il posto di suo marito nella marcia dei poveri verso Washington. Il progetto che consumò la maggior parte del suo tempo dopo l'assassinio di Martin Luther King, tuttavia, fu lo sviluppo del Martin Luther King, Jr, Center for Nonviolent Social Change, un archivio del movimento dei diritti civili e un centro educativo, nonché un memoriale del leader ucciso. Il centro aprì ad Atlanta nel 1968. Coretta Scott King pubblicò un libro di memorie, My Life with Martin Luther King, Jr. nel 1969.

Nel 1983 Coretta Scott King è stata nominata presidente della Commissione per la festa federale di Martin Luther King, Jr. e nel gennaio 1986 ha presieduto la prima celebrazione della festa federale di Martin Luther King, Jr. Con suo figlio Dexter ha editato The Martin Luther King, Jr: Quotations from the Speeches, Essays, and Books of Martin Luther King, Jr. (1998).

Nell'agosto 2005 Coretta Scott King soffrì di un ictus e di un lieve attacco cardiaco. Morì il 30 gennaio 2006 a Rosarito, in Messico, dove la King aveva ricevuto un trattamento di riabilitazione.

In evidenza

- Dopo l'assassinio del marito di Coretta Scott King nel 1968 e la condanna di James Earl Ray per l'omicidio, ha continuato ad essere attiva nel movimento per i diritti civili.
- Ha fondato ad Atlanta il Martin Luther King, Jr, Center for Nonviolent Social Change (comunemente conosciuto come il King Center), che è stato guidato al volgere del 21° secolo da suo figlio Dexter.
- Coretta Scott King ha scritto un libro di memorie, My Life with Martin Luther King, Jr. (1969) e ha curato, insieme al figlio Dexter, The Martin Luther King, Jr: Quotations from the Speeches, Essays, and Books of Martin Luther King, Jr. (1998).
- Nel 1969 Coretta Scott King ha istituito un premio annuale Coretta Scott King per onorare un autore afroamericano di un testo eccezionale per bambini, e nel 1979 un premio simile è stato aggiunto per onorare un illustratore afroamericano eccezionale.

Domande di ricerca

1. Quanti figli ha avuto la famiglia King, come si chiamano e cosa fanno oggi?

2.	Quali consigli pensa che abbia per le donne nella società e nella professione di oggi?

3.	Quali pensi che siano alcuni dei risultati più notevoli ottenuti da queste donne nere?

Hattie McDaniel (1895-1952)

La prima attrice afroamericana a vincere un Oscar

> *"A voi giovani che aspirate ad avere successo in qualche campo, nonostante i problemi che molti di noi hanno vissuto, lasciatemi dire questo: C'è ancora spazio in alto".*

L'attrice e cantante americana Hattie McDaniel divenne la prima afroamericana ad essere premiata con un Academy Award. Vinse l'Oscar come migliore attrice non protagonista nel 1939 per il suo ruolo di Mammy nel film Via col vento (1939).

Hattie McDaniel è nata il 10 giugno 1895 a Wichita, Kansas, ma è cresciuta a Denver, Colorado. Lasciò la scuola nel 1910 per diventare un'artista in diversi gruppi itineranti di menestrelli (vaudeville). All'inizio della Grande Depressione, tuttavia, c'era poco lavoro disponibile, così McDaniel andò a lavorare come addetta ai bagni nel nightclub di Sam Pick a Milwaukee, Wisconsin.

Anche se il nightclub aveva solo artisti bianchi, alcuni clienti sentirono la McDaniel cantare e incoraggiarono il proprietario ad assumerla. Hattie McDaniel si esibì lì per più di un anno finché non partì per Los Angeles, in California. Lì McDaniel trovò un piccolo ruolo in un programma radiofonico locale, The Optimistic Do-Nuts, e poco dopo divenne l'attrazione principale dello show.

Hattie McDaniel fece il suo debutto cinematografico nel 1932, ma non ottenne la sua prima parte importante finché non apparve in Judge Priest (1934) del regista John Ford. In quel film cantò un duetto con l'umorista Will Rogers. Il suo ruolo di serva sudista felice in The Little Colonel (1935) la rese una figura controversa nella comunità nera liberale, che cercava di porre fine agli stereotipi di Hollywood. Quando fu criticata per aver accettato tali ruoli, Hattie McDaniel rispose che avrebbe preferito interpretare una domestica nei film piuttosto che esserlo nella vita reale; durante gli anni '30 interpretò il ruolo di domestica o cuoca in quasi 40 film, in particolare in Via col vento.

Durante la seconda guerra mondiale (1939-1945), Hattie McDaniel organizzò un intrattenimento per le truppe nere. Verso la fine della guerra, tuttavia, i gruppi liberali neri - come la National Association for the Advancement of Colored People (NAACP) - fecero pressione su Hollywood per porre fine ai ruoli stereotipati in cui la McDaniel era diventata tipica, e di conseguenza le sue opportunità cinematografiche a Hollywood diminuirono.

Nel 1947 Hattie McDaniel divenne la prima afroamericana a recitare in un programma radiofonico settimanale rivolto a un pubblico generico, interpretando il ruolo di una cameriera in The Beulah Show. Nel 1951, mentre girava una versione televisiva del popolare show, la McDaniel ebbe un attacco di cuore. Registrò un certo numero di programmi radiofonici nel 1952, ma morì di cancro al seno il 26 ottobre 1952, a Hollywood, in California.

In evidenza

- Hattie McDaniel lasciò la scuola nel 1910 per diventare un'artista in diversi gruppi itineranti di menestrelli e più tardi divenne una delle prime donne nere ad essere trasmessa alla radio americana.
- Si esibì in un club per più di un anno finché non partì per Los Angeles, dove suo fratello le trovò un piccolo ruolo in un programma radiofonico locale, The Optimistic Do-Nuts; conosciuta come Hi-Hat Hattie, Hattie McDaniel divenne in breve tempo l'attrazione principale dello show.
- Due anni dopo il suo debutto cinematografico nel 1932, Hattie McDaniel ottenne la sua prima parte importante in Judge Priest (1934) di John Ford, in cui ebbe l'opportunità di cantare un duetto con l'umorista Will Rogers.
- Il ruolo di Hattie McDaniel come serva sudista felice in The Little Colonel (1935) la rese una figura controversa nella comunità nera liberale, che cercava di porre fine agli stereotipi di Hollywood.

Domande di ricerca

---

1. Con quale donna nera avresti voluto parlare o ricevere consigli?
2. Perché è importante per le donne nere costruire altre donne forti e indipendenti?
3. Pensi che il femminismo sia un elemento importante per le persone di colore da mantenere o con cui sentirsi a proprio agio in quest'epoca?

Fannie Lou Hamer (1917-1977)

Attivista americano per i diritti civili

La lapide di Fannie Lou Hamer riporta la sua famosa frase: "Sono stufa di essere stufa e stanca". La rabbia della Hamer per la povertà e il razzismo che lei e gli altri afroamericani soffrivano l'ha portata a dedicare la sua vita a migliorare la loro situazione.

Fannie Lou Hamer è nata Fannie Lou Townsend il 6 ottobre 1917 nella contea di Montgomery, Miss. La più giovane di 20 figli nati da genitori mezzadri, lei stessa iniziò a lavorare nei campi all'età di 6 anni e lasciò la scuola in prima media per aiutare ulteriormente. Quando la famiglia aveva finalmente risparmiato abbastanza soldi per fare un po' di agricoltura indipendente, un vicino bianco avvelenò i loro animali. Il suo dolore per questa ingiustizia iniziò a suscitare il suo interesse per i diritti civili.

Fannie Lou Hamer partecipò a una manifestazione organizzata dallo Student Nonviolent Coordinating Committee (SNCC) e dalla Southern Christian Leadership Conference (SCLC) nel 1962 e si offrì volontaria per assistere gli afroamericani che cercavano di diventare elettori registrati. I severi requisiti per i candidati e la minaccia di violenza razzista scoraggiarono molti neri dal cercare di registrarsi. La Hamer superò il test di alfabetizzazione richiesto al terzo tentativo, ma ne subì le conseguenze personali: il proprietario terriero la costrinse a lasciare la piantagione in cui viveva e lavorava dagli anni '40 e successivamente licenziò suo marito Perry e le loro figlie adottive.

Quando degli amici ospitarono Fannie Lou Hamer, la loro casa fu sottoposta a sparatorie. Imperterrita, divenne una lavoratrice sul campo per il SNCC e aiutò altri a imparare a superare il test di alfabetizzazione. Altre tragedie la attendevano, tuttavia. Dopo un seminario sui diritti civili nella Carolina del Sud, Hamer e un autobus carico di persone si fermarono a Winona, Mississippi, per mangiare.

Il terminal aveva la pratica di servire solo bianchi, e i futuri commensali furono arrestati dalla polizia di stato. Mentre scontavano la pena, le guardie bianche costrinsero due detenuti neri a picchiarla con un sacco di metallo, lasciando Hamer con molte gravi ferite.

Fannie Lou Hamer e altri fondarono il Mississippi Freedom Democratic Party (MFDP) nel 1964 quando il partito regolare dello stato escludeva gli afroamericani. Hamer, vicepresidente del gruppo, servì come portavoce per la Convention Nazionale Democratica ad Atlantic City, New Jersey.

Fannie Lou Hamer disse al comitato delle credenziali della convenzione che la delegazione del Mississippi non rappresentava adeguatamente lo stato perché la maggior parte dei neri non era autorizzata a votare e chiese che la delegazione del MFDP, composta da 68 membri, venisse fatta sedere. Il comitato cercò di placarli offrendo due posti, ma il gruppo pretese tutto o niente. Anche se se ne andarono senza essere seduti, l'atto attirò l'attenzione nazionale e contribuì al passaggio del Voting Rights Act del 1965.

Fannie Lou Hamer ha corso senza successo per il Congresso degli Stati Uniti nel 1964 e per il Senato dello Stato del Mississippi nel 1971, ma i suoi tentativi hanno contribuito a spianare la strada ad altri afroamericani per vincere uffici pubblici.

A livello locale, la Hamer cercò di aiutare i suoi concittadini del Mississippi lavorando per alloggi e asili a basso costo, creando cooperative commerciali senza scopo di lucro e facendo pressione per la desegregazione delle scuole. I suoi interessi femministi la spinsero a cofondare il National Women's Political Caucus nel 1971; tuttavia, in seguito sentì spesso che i membri bianchi non capivano le sue preoccupazioni.

Fannie Lou Hamer morì il 14 marzo 1977, per complicazioni dovute al cancro e ad altre condizioni mediche. Hamer fu eletta nella National Women's Hall of Fame nel 1993.

In evidenza

- Fannie Lou Hamer, nata Townsend, era la più giovane di 20 figli, Fannie Lou lavorava nei campi con i suoi genitori mezzadri all'età di sei anni.
- Tra povertà e sfruttamento razziale, ha ricevuto solo un'istruzione di prima media.
- Licenziata per il suo tentativo di registrarsi per votare (Fannie Lou Hamer fallì un test di alfabetizzazione), divenne una segretaria di campo per il SNCC; Fannie Lou Hamer divenne finalmente un elettore registrato nel 1963.
- Nel 1964 Hamer cofondò e divenne vicepresidente del Mississippi Freedom Democratic Party (MFDP), fondato dopo i tentativi falliti degli afroamericani di lavorare con il Mississippi Democratic Party, tutto bianco e pro-segregazione.
- Come membro del Comitato Nazionale Democratico per il Mississippi (1968-71) e del Policy Council del National Women's Political Caucus (1971-77), la Hamer si oppose attivamente alla guerra del Vietnam e lavorò per migliorare le condizioni economiche del Mississippi.

1. Qual è il tuo ricordo d'infanzia preferito di tua madre?
2. Donne nella leadership: cosa pensi della spinta verso la parità di genere?
3. Trova che ci sia qualche differenza di trattamento tra insegnanti o professori uomini e donne nelle scuole o nelle università?

Wangari Maathai (1940-2011)

Politico e attivista ambientale keniota

La politica e attivista ambientale keniota Wangari Maathai ha ricevuto il premio Nobel per la pace nel 2004 per il suo "approccio olistico allo sviluppo sostenibile che abbraccia la democrazia, i diritti umani e in particolare i diritti delle donne". Maathai è diventata la prima donna africana nera a ottenere un tale onore.

Wangari Muta Maathai è nata il 1° aprile 1940 a Nyeri, in Kenya. Maathai ha frequentato il college negli Stati Uniti, ricevendo una laurea in biologia al Mount St. Scholastica College (ora Benedictine College) nel 1964 e un master all'Università di Pittsburgh nel 1966.

Nel 1971 Wangari Maathai ha completato il suo dottorato all'Università di Nairobi, avendo la particolarità di diventare la prima donna dell'Africa orientale o centrale a conseguire un dottorato. Dopo la laurea, iniziò a insegnare nel Dipartimento di Anatomia Veterinaria dell'Università di Nairobi, e nel 1977 Maathai divenne presidente del dipartimento.

Wangari Maathai stava lavorando con il Consiglio Nazionale delle Donne del Kenya quando iniziò ad esplorare l'idea che le donne dei villaggi potessero migliorare l'ambiente piantando alberi. Il suo obiettivo era duplice: fornire una fonte di combustibile per le famiglie e rallentare i processi di deforestazione e desertificazione.

Nel 1977 Wangari Maathai fondò il Green Belt Movement per promuovere il suo scopo, e all'inizio del 21° secolo l'organizzazione aveva piantato circa 30 milioni di alberi.

I membri dell'organizzazione iniziarono il Pan African Green Belt Network nel 1986, che era dedicato a fornire informazioni sulla conservazione e il miglioramento ambientale ai leader mondiali. Come risultato dell'attivismo dell'organizzazione, movimenti simili furono avviati in Tanzania, Etiopia, Zimbabwe e altri paesi africani.

Gli altri interessi di Wangari Maathai comprendevano i diritti umani, la prevenzione dell'AIDS e le questioni femminili. Ha spesso affrontato queste preoccupazioni durante le riunioni dell'Assemblea Generale delle Nazioni Unite.

Nel 2002 Wangari Maathai è stata eletta all'Assemblea Nazionale del Kenya e l'anno successivo è stata nominata assistente del ministro dell'ambiente, delle risorse naturali e della fauna selvatica. È stata autrice di diversi libri, tra cui *The Green Belt Movement: Sharing the Approach and the Experience* (1988), che descrive in dettaglio la storia dell'organizzazione, e un'autobiografia, *Unbowed* (2007).

In *The Challenge for Africa* (2009) Wangari Maathai ha criticato la leadership inefficace dell'Africa e ha spinto gli africani a risolvere i loro problemi senza l'aiuto occidentale. Wangari Maathai ha anche contribuito a periodici internazionali come il *Los Angeles Times* e il *Guardian*. È morta il 25 settembre 2011 a Nairobi, in Kenya.

In evidenza

- Il lavoro di Wangari Maathai è stato spesso considerato sgradito e sovversivo nel suo paese, dove la sua schiettezza costituiva un passo lontano dai tradizionali ruoli di genere.
- Nel 1971 Maathai ha ricevuto un dottorato all'Università di Nairobi, diventando di fatto la prima donna dell'Africa orientale o centrale a conseguire un dottorato.
- Mentre lavorava con il Consiglio Nazionale delle Donne del Kenya, Wangari Maathai sviluppò l'idea che le donne dei villaggi potessero migliorare l'ambiente piantando alberi per fornire una fonte di combustibile e per rallentare i processi di deforestazione e desertificazione.
- Il Green Belt Movement, un'organizzazione fondata da Wangari Maathai nel 1977, all'inizio del XXI secolo aveva piantato circa 30 milioni di alberi.
- Quando Wangari Maathai ha vinto il premio Nobel nel 2004, il comitato ha lodato il suo "approccio olistico allo sviluppo sostenibile che abbraccia la democrazia, i diritti umani e i diritti delle donne in particolare".

Domande di ricerca

---

1. Sei mai andata da sola a un evento o un'organizzazione incentrata sulle donne?
2. Quali qualità ci vogliono per una donna per essere considerata questo tipo di persona?
3. Quale donna ammira di più e perché?

Shirley Chisholm (1924-2005)
La prima donna afroamericana eletta al Congresso degli Stati Uniti

"Non si fanno progressi stando in disparte,
piagnucolando e lamentandosi. Si fanno progressi
mettendo in pratica le idee".

La prima donna nera mai eletta al Congresso degli Stati Uniti, Shirley Chisholm ha servito il suo distretto natale di Brooklyn, New York, nella Camera dei Rappresentanti dal 1969 al 1982. Chisholm si candidò nel 1972 per la nomina democratica a presidente degli Stati Uniti.

Shirley Chisholm è nata Shirley Anita St. Hill a Brooklyn il 30 novembre 1924, ma ha trascorso gran parte della sua infanzia nella fattoria della nonna alle Barbados. Tornò a Brooklyn quando aveva 11 anni. Si è laureata al Brooklyn College nel 1946 in sociologia e ha conseguito un master in educazione elementare nel 1952 alla Columbia University. Shirley Chisholm è stata sposata con Conrad Chisholm dal 1949 al 1977 e successivamente con Arthur Hardwick, Jr.

Direttrice dell'Hamilton-Madison Child Care Center di New York City dal 1953 al 1959, Shirley Chisholm è diventata un'autorità riconosciuta in materia di educazione precoce e benessere dei bambini. Dal 1959 al 1964 Chisholm è stata consulente educativa nella divisione diurna dell'ufficio del benessere dei bambini di New York City. Impegnata anche in attività comunitarie e civiche, nel 1964 fu spinta a candidarsi per l'Assemblea dello Stato di New York. Prima donna nera di Brooklyn a servire nell'assemblea, Chisholm vinse la rielezione nel 1965 e nel 1966 e poi si candidò al Congresso nel 1968.

Lo slogan della campagna della Chisholm era "Unbought and Unbossed", che divenne il titolo di un libro che pubblicò nel 1970. Shirley Chisholm divenne presto riconosciuta come una paladina esplicita delle cause liberali associate ai diritti delle donne e al suo elettorato afroamericano e ispanico. Chisholm fu un membro fondatore del Congressional Black Caucus e del National Women's Political Caucus. Durante la sua campagna per la candidatura democratica alla presidenza, guadagnò 152 delegati prima di ritirarsi dalle elezioni.

Shirley Chisholm ha pubblicato un secondo libro nel 1973, The Good Fight. Dopo aver servito sette mandati, Chisholm si ritirò dal Congresso nel 1982. Shirley Chisholm fu docente al Mount Holyoke College di South Hadley, Massachusetts, dal 1983 al 1987. È morta il 1° gennaio 2005 a Ormond Beach, in Florida. Shirley Chisholm è stata premiata postuma con la Medaglia presidenziale della libertà degli Stati Uniti nel 2015.

In evidenza

- Shirley Anita St. Hill era figlia di immigrati; suo padre era della Guiana Britannica (ora Guyana) e sua madre delle Barbados. Chisholm è cresciuta alle Barbados e nella sua nativa Brooklyn, New York, e si è laureata al Brooklyn College (B.A., 1946).
- Consulente in materia di istruzione per la divisione asili nido di New York City, Shirley Chisholm era anche attiva con gruppi

comunitari e politici, tra cui la National Association for the
Advancement of Colored People (NAACP) e l'Unity Democratic
Club del suo distretto.

- Nel 1968 la Chisholm fu eletta alla Camera dei Rappresentanti
  degli Stati Uniti. Al Congresso divenne presto nota come una forte
  liberale che si opponeva allo sviluppo delle armi e alla guerra in
  Vietnam e favoriva le proposte di piena occupazione.
- Chisholm, una fondatrice del National Women's Political Caucus,
  ha sostenuto l'Equal Rights Amendment e ha legalizzato gli aborti
  durante la sua carriera congressuale, che è durata dal 1969 al
  1983.

Domande di ricerca

---

1. Qual è la cosa più cazzuta che abbia mai detto?
2. Perché pensa che ci fossero così poche donne nel Congresso degli
   Stati Uniti quando lei era lì a livello nazionale?
3. Qual è un messaggio che possiamo imparare da lei per andare
   avanti nel futuro delle donne nere?

Mary McLeod Bethune (1875-1955)

Educatore che ha aperto una delle prime scuole per ragazze afroamericane

Una pioniera dell'educazione afroamericana negli Stati Uniti fu Mary McLeod Bethune. Nata da genitori che erano stati schiavi fino alla guerra civile americana, è cresciuta fino a diventare presidente del suo stesso college. Sotto il presidente Franklin D. Roosevelt, diresse la Divisione degli Affari Negri della National Youth Administration e fu consigliere per gli affari delle minoranze.

Mary Jane McLeod nacque il 10 luglio 1875 a Mayesville, S.C., il primo membro della sua famiglia ad essere nato libero. Da bambina lavorava nei campi di cotone dei suoi genitori. Quando un missionario afroamericano aprì una piccola scuola a Mayesville, solo una persona della famiglia poté essere risparmiata dai campi per frequentarla. La prescelta, Mary poté continuare la sua istruzione allo Scotia Seminary di Concord, N.C., e al Moody Bible Institute di Chicago, Ill.

Dal 1895 al 1903 Mary McLeod insegnò nelle scuole di missione per gli afroamericani nel Sud. Nel 1898 sposò Albert Bethune, un insegnante. Nel 1904 affittò una baracca a Daytona Beach, in Florida, e aprì la Daytona Educational and Training School. Suo figlio, Albert, era l'unico ragazzo iscritto.

Nel giro di due anni aveva 250 alunni. La maggior parte di loro erano ragazze, poiché sentiva che le ragazze delle minoranze erano particolarmente ostacolate dalla mancanza di opportunità di miglioramento. La scuola ebbe un tale successo che nel 1923 si fuse con il Cookman Institute, un vicino college maschile, e nel 1929 la scuola fu rinominata Bethune-Cookman College. I suoi sforzi per migliorare le relazioni razziali e l'educazione delle minoranze le valsero la Spingarn Medal nel 1935.

Bethune ricevette molte lauree honoris causa. Fu un funzionario di organizzazioni come la Urban League, la National Association for the Advancement of Colored People e il National Council of Negro Women, che fondò nel 1935. Dopo aver servito sotto Roosevelt dal 1936 al 1943, fu assistente speciale del segretario di guerra durante la seconda guerra mondiale. Morì il 18 maggio 1955 a Daytona Beach.

In evidenza

- Nel 1904 Bethune si trasferì sulla costa orientale della Florida, dove una grande popolazione afroamericana era cresciuta al tempo della costruzione della Florida East Coast Railway, e a Daytona Beach, in ottobre, aprì una scuola tutta sua, il Daytona Normal and Industrial Institute for Negro Girls.

- Nel 1923 la scuola fu fusa con il Cookman Institute for Men, allora a Jacksonville, Florida, per formare quello che era conosciuto dal 1929 come Bethune-Cookman College a Daytona Beach.
- Nel 1935 fondò il National Council of Negro Women, di cui rimase presidente fino al 1949, e fu vicepresidente della National Association for the Advancement of Colored People dal 1940 al 1955.
- Fu consigliere di Roosevelt per gli affari delle minoranze e assistette il segretario alla guerra nella selezione dei candidati ufficiali per il Women's Army Corps (WAC) degli Stati Uniti.

Domande di ricerca

---

1. Chi è la tua donna nera umoristica preferita del 20° secolo?
2. Perché abbiamo bisogno di più rappresentazione nei media di donne nere che condividono storie e cultura?
3. Che consiglio darebbe ad altre donne (nere) per far sentire la loro voce nella nostra società di oggi?
4. Quali consigli possono darci queste forti donne nere per vivere meglio?

Toni Morrison (1931-2019)

Autore afroamericano

Toni Morrison è stata nota per il suo esame dell'esperienza afroamericana - in particolare l'esperienza femminile - all'interno della comunità nera. Il suo uso della fantasia, il suo intricato stile poetico e il suo ricco intreccio del mitico hanno dato alle sue storie grande forza e consistenza. Nel 1993 Morrison ha vinto il premio Nobel per la letteratura.

Toni Morrison è nata Chloe Anthony Wofford il 18 febbraio 1931 a Lorain, Ohio. Cresciuta in una famiglia povera, si è laureata alla Howard University di Washington, D.C., nel 1953 e ha ricevuto un master in inglese alla Cornell University di Ithaca, New York, nel 1955. Dopo alcuni anni come istruttrice di inglese, Toni Morrison è diventata un'editrice e scrive nel suo tempo libero.

Il primo romanzo di Toni Morrison, *The Bluest Eye* (1970), era una critica della vita della classe media nera e dell'intolleranza umana. Con la pubblicazione nel 1977 di *Song of Solomon*, che è raccontato da un narratore maschile alla ricerca della sua identità, Morrison ricevette il plauso popolare e della critica. *Tar Baby* (1981), ambientato su un'isola caraibica, esplora i conflitti di razza, classe e sesso. *Beloved ha* vinto il premio Pulitzer 1988 per la narrativa. È basato sulla storia vera di una schiava fuggitiva che, sul punto di essere ricatturata, uccide la figlia neonata per risparmiarle una vita di schiavitù.

Le opere successive di Toni Morrison includono *A Mercy* (2008), che tratta della schiavitù nell'America del XVII secolo, e *Home* (2012), su un veterano traumatizzato della guerra di Corea che incontra il razzismo dopo il ritorno a casa e poi supera l'apatia per salvare sua sorella. *God Help the Child* (2015) esamina le conseguenze dell'abuso e dell'abbandono dei bambini attraverso il racconto di Bride, una ragazza nera dalla pelle scura che nasce da genitori dalla pelle chiara.

Oltre ai suoi romanzi, Toni Morrison ha pubblicato un'opera di critica, *Playing in the Dark: Whiteness and the Literary Imagination*, nel 1992. Molti dei suoi saggi e discorsi sono stati raccolti in *What Moves at the Margin: Selected Nonfiction* (a cura di Carolyn C. Denard), pubblicato nel 2008.

Inoltre, Toni Morrison ha pubblicato diversi libri per bambini, tra cui *Who's Got Game?: The Ant or the Grasshopper?* e *Who's Got Game?: The Lion or the Mouse?* entrambi scritti con suo figlio e pubblicati nel 2003. *Remember* (2004), anch'esso rivolto ai bambini, usa fotografie d'archivio per raccontare le difficoltà degli studenti neri durante l'integrazione del sistema scolastico pubblico statunitense. Ha scritto il libretto per *Margaret Garner* (2005), un'opera sulla stessa storia che ha ispirato *Beloved*.

Nel 2010 Toni Morrison è stata nominata ufficiale della Legione d'Onore francese. Due anni dopo è stata insignita della Medaglia Presidenziale della Libertà degli Stati Uniti. *Toni Morrison: The Pieces I Am* (2019) è un documentario sulla sua vita e carriera. È morta il 5 agosto 2019 a New York.

In evidenza

- Toni Morrison, nome originale Chloe Anthony Wofford, è cresciuta nel Midwest americano in una famiglia che possedeva un intenso amore e apprezzamento per la cultura nera. Ha ricevuto il premio Nobel per la letteratura nel 1993.
- Molti dei saggi e dei discorsi della Morrison sono stati raccolti in What Moves at the Margin: Selected Nonfiction (2008; a cura di Carolyn C. Denard) e The Source of Self-Regard: Selected Essays, Speeches, and Meditations (2019).
- Lei e suo figlio, Slade Morrison, hanno scritto una serie di libri per bambini, tra cui la serie Who's Got Game?, The Book About Mean People (2002) e Please, Louise (2014).
- Toni Morrison ha scritto Remember (2004), che racconta le difficoltà degli studenti neri durante l'integrazione del sistema scolastico pubblico americano; rivolto ai bambini, utilizza fotografie d'archivio giustapposte a didascalie che speculano sui pensieri dei loro soggetti.

Domande di ricerca

---

1. Il tema del sessismo o della discriminazione è mai venuto fuori nella tua esperienza scolastica e, se sì, cosa hai fatto?
2. Come pensi che essere "forte" dovrebbe essere definito in base alle tue convinzioni personali o opinioni sul femminismo e sull'uguaglianza nel mondo?
3. Chi sono alcune delle donne più ispirate, influenti e potenti che ti vengono in mente durante il periodo di questo libro?

Diane Abbott (nato nel 1953)

La prima donna nera eletta al Parlamento britannico

"Non puoi difendere l'indifendibile - qualsiasi cosa tu dica suona egoista e ipocrita".

La politica britannica Diane Abbott è stata la prima donna di origine africana a vincere l'elezione alla Camera dei Comuni.

Diane Julie Abbott è nata il 27 settembre 1953 a Londra, in Inghilterra. I suoi genitori, originari della Giamaica, erano immigrati nel Regno Unito due anni prima. Abbott ha studiato all'Università di Cambridge e si è laureata in storia nel 1973. Per diversi anni ha lavorato come funzionario nel Home Office, il dipartimento governativo responsabile della lotta al crimine, della prevenzione del terrorismo e della regolamentazione dell'immigrazione. Ha anche lavorato come giornalista televisiva e come addetto stampa per il Greater London Council e il Lambeth Borough Council.

Membro del partito laburista, Abbott ha vinto l'elezione al consiglio comunale di Westminster nel 1982. Cinque anni dopo si è assicurata la candidatura del Partito Laburista per la circoscrizione londinese di Hackney North e Stoke Newington alla Camera dei Comuni. Ha vinto facilmente il seggio, diventando la prima donna nera membro del Parlamento (MP) del paese e, con Bernie Grant e Paul Boateng, uno dei primi membri della Camera dei Comuni di origine africana.

Come deputato, Abbott è stata esplicita su questioni di razza, libertà civili e diritti umani. È stata particolarmente nota per essersi opposta agli sforzi per estendere la quantità di tempo in cui i sospetti di terrorismo possono essere detenuti senza accuse. Il suo lavoro sulla questione è stato riconosciuto dalle organizzazioni JUSTICE, Liberty e Law Society, che congiuntamente le hanno conferito un premio speciale per i diritti umani nel 2008. Dopo le elezioni generali britanniche del 2010, in cui il partito laburista ha perso la sua maggioranza, Abbott si è candidata senza successo come leader del partito. Più tardi nel 2010 è stata nominata ministro ombra della salute pubblica del Labour. (Un ministro ombra è un membro del partito di opposizione che serve come portavoce di quel partito su certe questioni e che tiene sotto controllo le azioni del ministro corrispondente nel governo esecutivo).

Nonostante lo scarso successo del Labour alle elezioni generali del 2015, Diane Abbott ha mantenuto il suo seggio alla Camera dei Comuni. Ha continuato a servire come segretario di stato ombra per lo sviluppo internazionale nel 2015-2016 prima di diventare segretario di stato ombra per la salute pubblica nel giugno 2016. Quando il leader laburista Jeremy Corbyn ha rimpastato il suo gabinetto ombra nel mese di ottobre, Abbott è stata elevata al posto di segretario ombra per la casa. Diane Abbott è stata rieletta al suo posto alla Camera dei Comuni nelle elezioni generali del 2017.

In evidenza

- I genitori di Diane Abbott, originari della Giamaica, immigrarono nel Regno Unito nei primi anni '50.
- Come membro del partito laburista, Diane Abbott ha lavorato come addetto stampa per il Greater London Council e il Lambeth

Borough Council ed è stata attiva su questioni razziali e di libertà civili.

- Diane Abbott è diventata la prima donna nera membro del Parlamento del paese e, con Bernie Grant e Paul Boateng, uno dei primi membri della Camera dei Comuni di origine africana.
- Schietto su molte questioni, Abbott ha occupato una posizione di sinistra-centro nel partito laburista durante gli anni '90, quando il programma di riforma ("modernizzazione") di Tony Blair ha abbandonato molte delle tradizionali politiche socialiste del partito.
- Diane Abbott è stata rieletta al suo posto alla Camera dei Comuni nelle elezioni generali istantanee del giugno 2017.

---

1. In che modo questa storia potrebbe influenzare i bambini e gli adolescenti afroamericani?
2. Ci sono figure femminili nere a cui saresti interessata ad essere paragonata?
3. Quali sono alcune cose che possono aiutare a rafforzare la nostra comunità moderna come queste donne nere hanno fatto per la loro?

Ida B. Wells-Barnett (1862-1931)

Giornalista afroamericano e sostenitore dei diritti civili

"È estremamente difficile portare avanti i miei obiettivi, ma ho sentito la responsabilità di mostrare al mondo ciò che gli afroamericani stanno affrontando in questo periodo difficile".

Ida Bell Wells-Barnett guidò una crociata contro il linciaggio negli Stati Uniti nel 1890. Il linciaggio è una forma di violenza in cui una folla pretende di amministrare la giustizia senza un processo e giustiziare un presunto colpevole. Wells-Barnett usò sia i giornali che le conferenze per far passare il suo messaggio. Wells era militante nella sua richiesta di giustizia per gli afroamericani e nella sua insistenza che doveva essere ottenuta con i loro propri sforzi.

Ida Bell Wells è nata il 16 luglio 1862 a Holly Springs, Mississippi. I suoi genitori erano schiavi. Fu educata alla Shaw University (ora Rust College), una scuola per neri liberati a Holly Springs. Nel 1878 i suoi genitori morirono durante un'epidemia di febbre gialla. Wells iniziò ad insegnare in una scuola di campagna per mantenere i suoi fratelli e sorelle. Dopo aver trasferito la sua famiglia a Memphis, Tennessee, nel 1884, Wells continuò ad insegnare.

Wells frequentò anche la Fisk University a Nashville, Tennessee, durante diverse sessioni estive. Mentre viaggiava in treno verso Nashville quell'anno, un conduttore la costrinse a lasciare un vagone "solo per bianchi". Wells intentò una causa contro la compagnia ferroviaria e ottenne 500 dollari. Tuttavia, nel 1887 la corte suprema del Tennessee annullò la decisione della corte inferiore.

Nel frattempo, insieme all'insegnamento, Wells iniziò a scrivere articoli di giornale sulla politica e la razza nel Sud. Era critica nei confronti della discriminazione che gli afroamericani sperimentavano. Poiché i suoi articoli causavano controversie e generalmente facevano arrabbiare i bianchi, scriveva usando lo pseudonimo Iola. Alla fine divenne co-proprietaria del giornale Memphis Free Speech and Headlight.

Wells continuò a concentrare i suoi scritti sulle ingiustizie razziali che vedeva. I suoi anni di insegnamento nel sistema scolastico pubblico del Sud le mostrarono che i bambini afroamericani non erano trattati bene come i bambini bianchi. Alla fine iniziò a scrivere articoli che criticavano le ingiuste pratiche educative. Come risultato, nel 1891 il consiglio scolastico rifiutò di rinnovare il suo contratto di insegnamento.

Nel 1892, dopo che una folla di Memphis linciò tre dei suoi amici, Wells iniziò una campagna editoriale contro il linciaggio. Indagò su diversi linciaggi nella zona e riportò le sue scoperte. Wells concluse che i linciaggi non venivano effettuati per punire i criminali, come sostenevano i membri della folla, ma per controllare gli afroamericani e mantenere i bianchi in una posizione di superiorità su di loro.

Wells usò i suoi editoriali per esortare gli afroamericani a boicottare le imprese di Memphis e a trasferirsi nel West. Il suo lavoro fece arrabbiare molti bianchi. Mentre era in viaggio a New York, New York, una folla saccheggiò gli uffici del Memphis Free Speech. Distruggono la macchina da stampa e bruciano l'edificio. Rimase a New York, dove Wells continuò la sua crociata contro lo scherno.

Mentre era a New York, Wells scrisse articoli sul linciaggio per il New York Age. Cominciò anche a tenere conferenze sull'argomento e ad organizzare società anti linciaggio. Wells viaggiò in molte grandi città degli Stati Uniti, tra cui Philadelphia, Pennsylvania, per parlare. Nel 1893 visitò la Gran Bretagna per diffondere il suo messaggio. Il suo successo lì le diede un palcoscenico mondiale su cui pubblicizzare i mali del linciaggio. Wells fu invitata di nuovo in Gran Bretagna per un secondo giro di conferenze. Nel 1895 pubblicò il pamphlet The Red Record. È uno sguardo dettagliato sul linciaggio.

Quando Wells tornò negli Stati Uniti nel 1893, si trasferì a Chicago, Illinois. Quell'anno si stava tenendo la World's Columbian Exposition. Protestò perché la fiera escludeva gli afroamericani sia dall'esposizione che dal lavoro. Insieme al leader dei diritti civili Frederick Douglass e a Ferdinand L. Barnett, un avvocato, editore e funzionario pubblico di Chicago, Wells pubblicò il pamphlet The Reason Why the Colored American Is Not in the World's Columbian Exhibition (1893).

Cominciò anche a contribuire al Chicago Conservator di Barnett. Barnett aveva fondato il giornale nel 1878. Fu il primo giornale afroamericano a Chicago e solo il secondo nell'Illinois. Lungo solo quattro pagine, il popolare giornale discuteva di razza, politica e comunità.

Nel 1895 Wells sposò Barnett e adottò il nome Wells-Barnett. Quell'anno comprò il Chicago Conservator da Barnett e ne fu l'editore per un certo periodo. Anche se la coppia mise su famiglia, Wells-Barnett continuò a tenere conferenze e a scrivere sui temi dei diritti civili.

Durante la sua carriera la Wells-Barnett abbracciò il movimento del club delle donne, incoraggiando le donne ad unirsi a club amministrati e controllati da donne. Credeva che tali organizzazioni fossero un mezzo per le donne per diventare più istruite e per migliorare la società attraverso il servizio comunitario. Wells-Barnett aiutò così a organizzare le donne afroamericane locali in varie cause, dalla campagna anti-stupro al movimento per il suffragio.

Wells-Barnett cofondò l'Alpha Suffrage Club di Chicago, che potrebbe essere stato il primo gruppo di suffragio femminile nero, nel 1913. Dopo che alle donne dell'Illinois fu concesso il diritto parziale di voto, l'organizzazione si concentrò sull'utilizzo del potere di voto degli afroamericani. Nel 1915 il gruppo fu determinante per far eleggere il primo consigliere nero a Chicago.

Dal 1898 al 1902 Wells-Barnett servì come segretario del National Afro-American Council. Nel 1909 partecipò alla riunione del Niagara Movement e alla successiva fondazione della National Association for the Advancement of Colored People (NAACP). Fu membro del comitato esecutivo della NAACP.

Wells-Barnett divenne però disincantata dalla leadership nera bianca e d'élite, e lasciò l'organizzazione. Nel 1910 fondò e divenne la prima presidente della Negro Fellowship League, che aiutava gli immigrati appena arrivati dal Sud. Dal 1913 al 1916 Wells-Barnett lavorò come ufficiale di sorveglianza del tribunale municipale di Chicago. Morì il 25 marzo 1931 a Chicago. La sua autobiografia, Crusade for Justice, fu pubblicata postuma nel 1970.

In evidenza

- Ida Wells nacque in schiavitù, e fu educata alla Rust University, una scuola di freedmen nella sua nativa Holly Springs, Mississippi, e a 14 anni iniziò a insegnare in una scuola di campagna.
- Nel 1887 la Corte Suprema del Tennessee, ribaltando una decisione della Circuit Court, si pronunciò contro Wells in una causa che aveva intentato contro la Chesapeake & Ohio Railroad per essere stata rimossa con la forza dal suo posto dopo che si era rifiutata di cederlo per uno in un vagone "solo per neri".

- Usando lo pseudonimo Iola, Wells nel 1891 scrisse anche alcuni articoli di giornale che criticavano l'istruzione disponibile per i bambini afroamericani.
- Nel 1892, dopo che tre suoi amici erano stati linciati da una folla, Wells iniziò una campagna editoriale contro il linciaggio che portò rapidamente al saccheggio dell'ufficio del suo giornale.

1. Quali sono alcune delle qualità che definiscono le donne nere influenti ai suoi occhi?
2. Perché pensi che le donne nere possano essere così sicure di sé e senza paura di fronte alle avversità?
3. Qual è uno dei momenti più forti della tua vita in cui ti sei sentito una persona senza paura?

Shonda Rhimes (nata nel 1970)

Scrittore e produttore afroamericano

Shonda Rhimes è stata nota per aver creato diverse serie televisive popolari all'inizio del XXI secolo. I suoi show includevano Grey's Anatomy, iniziato nel 2005, e Scandal, andato in onda dal 2012 al 2018. Con Grey's Anatomy, è diventata la prima donna afroamericana a creare e servire come produttore esecutivo per una serie televisiva di punta su una rete televisiva.

Shonda Lynn Rhimes è nata il 13 gennaio 1970 a Chicago, Illinois. Si è laureata al Dartmouth College nel New Hampshire nel 1991. Inizialmente la Rhimes voleva scrivere romanzi, ma alla fine ha frequentato la scuola di cinema alla University of Southern California. Nel 1998 ha scritto e diretto il cortometraggio Blossoms and Veils. L'anno seguente ha scritto il film per la TV HBO Introducing Dorothy Dandridge. Il film ha avuto come protagonista Halle Berry nel ruolo della Dandridge, la prima donna nera ad essere nominata per un Oscar come migliore attrice. Rhimes ha poi scritto una sceneggiatura per il film Crossroads (2002), che ha avuto come protagonista la cantante pop Britney Spears. Nel 2004 Rhimes ha scritto The Princess Diaries 2: Royal Engagement (2004), una commedia romantica con Anne Hathaway e Julie Andrews.

In seguito la Rhimes si è concentrata sul lavoro televisivo. La sua prima serie fu uno show sui corrispondenti di guerra, ma fu realizzato solo l'episodio pilota. La sua svolta è arrivata quando ha creato Grey's Anatomy. Il dramma si concentra sulla vita professionale e personale dei chirurghi. Ha debuttato nel 2005 ed è stato un successo immediato. Lo show ha conquistato l'attenzione per il suo cast diversificato, i forti personaggi femminili e le relazioni interrazziali. Nel 2007 la Rhimes ha creato Private Practice, uno spin-off di Grey's Anatomy che è andato in onda fino al 2013. Un altro spin-off, Station 19, ha debuttato nel 2018. Entrambi gli spettacoli sono stati prodotti da ShondaLand, la società di produzione che la Rhimes ha fondato nel 2005.

Nel 2012 la Rhimes ha debuttato la serie TV Scandal. Il dramma ha come protagonista Kerry Washington nel ruolo di una faccendiera politica di Washington, D.C., che ha una relazione con il presidente. Con le sue trame veloci, lo show è stato un altro successo. Ha anche segnato la prima volta in circa quattro decenni che un dramma di rete ha presentato una donna afroamericana nel ruolo principale. Scandal è terminato nel 2018. ShondaLand ha anche avuto un successo con il dramma legale How to Get Away with Murder, che ha debuttato nel 2014 e interpretato da Viola Davis. Il successo di queste serie ha contribuito a rendere la Rhimes una delle persone più potenti della televisione. I suoi show successivi hanno incluso The Catch (2016-17), su un'investigatrice donna. Ancora Star-Crossed (2017) era un dramma di ispirazione shakespeariana ambientato dopo la morte di Romeo e Giulietta.

Nel 2015 la Rhimes ha pubblicato un libro di auto-aiuto. Si intitolava Year of Yes: How to Dance It Out, Stand in the Sun, and Be Your Own Person.

In evidenza

- Dopo essersi laureata a Dartmouth nel 1991, Shonda Rhimes inizialmente sognava di diventare una scrittrice, ma alla fine ha frequentato la scuola di cinema alla University of Southern California.
- Nel 1999 Shonda Rhimes ha scritto il film TV della HBO "Introducing Dorothy Dandridge", con Halle Berry nel ruolo della cantante e attrice che fu la prima donna nera ad essere nominata per l'Oscar come migliore attrice.
- Shonda Rhimes ha poi scritto le sceneggiature dei film Crossroads (2002), un veicolo per la cantante pop Britney Spears, e The Princess Diaries 2: Royal Engagement (2004), una commedia romantica con Anne Hathaway e Julie Andrews.
- La sua svolta è arrivata quando ha creato Grey's Anatomy.

Domande di ricerca

---

1. Qual è il tuo programma preferito da guardare in TV a base di donne nere?
2. Quale famosa donna nera è stata la tua ispirazione ultimamente, e perché?
3. Com'era/potrebbe essere il femminismo per una studentessa nera in Nuova Zelanda rispetto all'America?

Venus Williams (nato nel 1980)

Giocatore di tennis afroamericano

Un'aggressiva volontà di vincere e un forte gioco a tutto tondo hanno
caratterizzato la tennista americana Venus Williams. All'età di 17 anni, la
giocatrice sconosciuta e non selezionata è diventata la prima
afroamericana a raggiungere la finale del singolare femminile degli U.S.
Open da quando Althea Gibson ha rivendicato il titolo nel 1958. Quando la
Williams ha vinto il titolo di singolare a Wimbledon nel 2000, è stata
anche la prima donna afroamericana a farlo da quando Gibson ha vinto
nel 1958. Williams è diventato il top-ranked tennista donna nel mondo nel
2002.

Venus Ebony Starr Williams è nata il 17 giugno 1980 a Lynwood,
California. Introdotta al tennis quando era solo una bambina, Williams ha

perseguito il suo interesse nel gioco sui campi pubblici nella sua città natale di Compton, California, un sobborgo di Los Angeles afflitto da gang e crimine violento.

Venus Williams e sua sorella Serena sono state allenate quasi esclusivamente dai loro genitori, nessuno dei quali aveva una formazione tennistica formale. Nel 1991 la famiglia si trasferì a Fort Lauderdale, in Florida, dove Rick Macci, l'allenatore professionista che sviluppò il gioco di Jennifer Capriati, allenò le sorelle.

Guidata da suo padre, Venus Williams ha lasciato la competizione giovanile all'età di 11 anni per concentrarsi sulla scuola. Mentre la maggior parte delle giovani giocatrici sono ben stagionate nelle competizioni juniores quando entrano nei tornei professionistici, la Williams è entrata nel tour professionistico nel 1994 all'età di 14 anni con relativamente poca esperienza nel match play.

I genitori di Venus Williams hanno investito in lei un forte senso di fiducia in se stessa, che è cresciuto in una imperterrita volontà di vincere. Giocatrice eccezionalmente alta, doveva piegare profondamente le ginocchia per restituire i colpi dell'avversario. Il suo potente servizio è stato cronometrato a più di 100 miglia (160 chilometri) all'ora.

Venus Williams ha partecipato agli U.S. Open del 1997 classificata al numero 66 dalla Women's Tennis Association (WTA). La Williams è stata la prima donna senza testa di serie a raggiungere una finale di singolare degli US Open da quando l'era open è iniziata nel 1968 e la prima donna a raggiungere una finale degli US Open al suo debutto da quando Pam Shriver è arrivata in finale nel 1978 all'età di 16 anni. Ha perso in finale contro la sedicenne Martina Hingis, prima classificata, ma la classifica WTA della Williams è migliorata al numero 27.

Nel marzo 1998 Venus Williams ha rivendicato il suo primo titolo di singolo professionale all'IGA Tennis Classic. Più tardi quel mese ha sconfitto la Hingis in semifinale e poi Anna Kournikova in finale per catturare il Lipton Championship da 1,9 milioni di dollari, diventando la prima donna nata negli Stati Uniti a vincere il torneo da quando Chris Evert lo fece nel 1986. Dopo la vittoria di Venus Williams, si è classificata al numero 10.

Dopo l'ingresso di Serena nel tour professionistico, le carriere in singolo delle sorelle le hanno spesso messe una contro l'altra. Anche se Serena è stata la prima della coppia a vincere un titolo di singolare del Grande Slam, agli US Open del 1999, Venus ha seguito con una vittoria a Wimbledon nel 2000. Ha sconfitto Serena in semifinale e Lindsay Davenport in finale, entrambi in set diretti. Agli U.S. Open di quell'anno, Venus ha trionfato sulla Hingis prima classificata e poi sulla Davenport seconda classificata per prendere il titolo. Ha vinto il suo secondo Wimbledon e U.S. Open campionati nel 2001.

Venus Williams ha concluso sia la stagione 2000 che quella 2001 al terzo posto nel mondo. Nel febbraio 2002 è diventata la decima donna a detenere la posizione numero uno. Più tardi quell'anno Serena l'ha sconfitta nelle finali degli Open di Francia, Wimbledon e U.S. Open, e Serena l'ha superata nella classifica mondiale.

Venus Williams ha vinto di nuovo Wimbledon nel 2005, 2007 e 2008. Nel 2017 ha raggiunto la finale degli Australian Open, dove ha perso in serie diretta contro Serena. All'età di 36 anni, Venus è stata la più vecchia finalista degli Australian Open di singolare dell'era open.

Le sorelle Williams hanno anche giocato insieme tornei di doppio, conquistando titoli in tutti e quattro gli eventi del Grande Slam: gli U.S. Open (1999 e 2009), gli Open di Francia (1999 e 2010), Wimbledon (2000, 2002, 2008, 2009 e 2012) e gli Australian Open (2001, 2003, 2009 e 2010). Ai Giochi olimpici del 2000 a Sydney, Australia, le sorelle hanno vinto una medaglia d'oro nella competizione di doppio, e Venus ha preso l'oro nel singolo. Le sorelle hanno anche vinto la medaglia d'oro nel doppio alle Olimpiadi del 2008 a Pechino, in Cina, e alle Olimpiadi del 2012 a Londra, in Inghilterra.

In evidenza

- Come sua sorella Serena, Venus è stata introdotta al tennis sui campi pubblici di Los Angeles da suo padre, che presto ha riconosciuto il suo talento e ha supervisionato il suo sviluppo.
- Venus Williams è diventata professionista nel 1994 e presto ha attirato l'attenzione per i suoi potenti servizi e colpi di terra.

- Nel 2000 la Williams ha vinto sia Wimbledon che gli US Open, e ha difeso con successo i suoi titoli nel 2001.
- Ai Giochi Olimpici del 2000 a Sydney, ha conquistato la medaglia d'oro nel concorso di singolare e ha rivendicato una medaglia d'oro con sua sorella nell'evento di doppio.
- Nel 2008 Venus Williams ha sconfitto Serena per il quinto titolo di Wimbledon in carriera, collocandosi al quinto posto di tutti i tempi nei campionati di singolare femminile di Wimbledon.

Domande di ricerca

---

1. Qual è il momento più umiliante della sua vita?
2. Cosa significano queste donne per lei e per la sua identità?
3. Qual è la cosa più bella che sai di queste donne e che non molti conoscono?
4. C'è un momento in cui ti sei sentita simile a quello che una donna nera influente potrebbe aver provato nel corso della sua vita, sia storicamente che adesso nella tua vita?

Phylicia Rashad (nata nel 1948)

La prima attrice afroamericana a vincere un Tony Award come migliore attrice

Phylicia Rashad ha vinto l'onorificenza nel 2004 per la sua performance nella commedia A Raisin in the Sun. La Rashad era già diventata famosa per il suo lavoro nella serie televisiva The Cosby Show (1984-1992).

È nata Phylicia Ayers Allen il 19 giugno 1948 a Houston, Texas. Phylicia Allen era la seconda di quattro figli nati da Vivian Ayers Allen, una poetessa nominata al premio Pulitzer, e Andrew Arthur Allen, un dentista.

Suo fratello maggiore, Andrew Arthur ("Tex") Allen, Jr. divenne un musicista jazz, e sua sorella, Debbie Allen, fu ballerina, attrice, produttrice e regista televisiva.

Phylicia Allen si è laureata alla Howard University, Washington, D.C., nel 1970 con un B.F.A. in teatro. Subito dopo ha trovato lavoro con la Negro Ensemble Company a New York City. Ha fatto la sua prima apparizione a Broadway nel 1972. Ha avuto ruoli minori nei musical di successo The Wiz (1975) e Dreamgirls (1981) prima di passare alla televisione.

Nel 1982 la Allen ottenne un ruolo regolare nella soap opera diurna One Life to Live. Due anni dopo il comico Bill Cosby la scelse per il ruolo di sua moglie, l'avvocato Clair Huxtable, nell'innovativa situation comedy The Cosby Show. Dopo aver sposato l'emittente sportiva Ahmad Rashad nel 1985, ha iniziato a usare il suo cognome professionalmente (la coppia ha divorziato nel 2001). Il suo ruolo di Clair - aggraziata ma decisa, dignitosa ma devota - è diventato determinante per la Rashad e le è valso due nomination agli Emmy Award. Phylicia Rashad ha anche interpretato la moglie di Cosby nella serie Cosby (1996-2000).

Durante gli anni '90 e i primi anni 2000, Phylicia Rashad tornò al palcoscenico mentre continuava a lavorare costantemente in televisione. Ha vinto il plauso della critica per la sua interpretazione di zia Ester in Gem of the Ocean (2003) di August Wilson in produzioni a Los Angeles e a Broadway. Nel 2004 Rashad ha interpretato Lena Younger, la matriarca di una famiglia afroamericana in difficoltà nella Chicago del 1950, in A Raisin in the Sun di Lorraine Hansberry. Per questa interpretazione ha vinto, oltre al Tony Award come migliore attrice, il Drama Desk Award 2004.

Phylicia Rashad ha poi recitato in un adattamento televisivo (2008) dell'opera. Nel 2007 la Rashad ha fatto il suo debutto come regista alla guida della produzione del Seattle Repertory Theatre di Gem of the Ocean. L'anno seguente ha fatto di nuovo la storia a Broadway quando Cat on a Hot Tin Roof di Tennessee Williams ha aperto con il suo primo cast interamente nero. Con il coprotagonista James Earl Jones, la Rashad ha ancorato la produzione e ha interpretato il ruolo di Big Mama. Nel 2009 Phylicia Rashad ha interpretato una matriarca tossicodipendente nella produzione di Broadway di August: Osage County di Tracy Letts.

Phylicia Rashad ha occasionalmente recitato in film. Nel 2010 ha recitato nella commedia romantica Just Wright e nel racconto sulla malattia mentale Frankie & Alice. Quell'anno Rashad ha anche recitato nel dramma d'insieme For Colored Girls, adattamento cinematografico di Tyler Perry dell'opera teatrale di Ntozake Shange del 1975 For Colored Girls Who Have Considered Suicide/When the Rainbow Is Enuf.

Phylicia Rashad è poi apparsa nel dramma romantico di Perry Good Deeds (2012) e in un adattamento televisivo-film (2012) della commedia Steel Magnolias. Come in Cat on a Hot Tin Roof, quest'ultima opera ha avuto un cast prevalentemente nero, in contrasto con le sue produzioni originali teatrali e cinematografiche.

Nel 2013 Phylicia Rashad è tornata alla televisione di serie con Do No Harm. In quello show ha interpretato il capo di un chirurgo afflitto da un disturbo della personalità simile a Jekyll e Hyde. Ha interpretato la vedova dell'amico (ed ex avversario) del pugile Rocky Balboa, Apollo Creed, nel sequel del film Rocky Creed (2015).

In evidenza

- Il suo ruolo di Clair - aggraziata ma decisa, dignitosa ma devota - è diventato determinante per Phylicia Rashad e le è valso due nomination agli Emmy Award.
- Durante gli anni 1990 e i primi anni 2000, è tornata al palcoscenico continuando a lavorare costantemente in televisione.
- L'interpretazione di Rashad della semi-mitica zia Ester in Gem of the Ocean (2003) di August Wilson nelle produzioni di Los Angeles e a Broadway ha ottenuto lodi entusiastiche.
- Phylicia Rashad ha poi avuto ruoli ricorrenti in Empire e This Is Us; il suo lavoro in quest'ultima serie le ha fatto guadagnare due nomination agli Emmy.

1. Chi pensi che sia la prossima grande scoperta nel mondo della musica e della TV che è una donna e fa parte di una minoranza?
2. Quali sono i suoi pensieri personali sulle donne nere e altre persone di colore che hanno dovuto combattere contro la discriminazione per tutta la vita?
3. Qual è la tua opinione sulle donne nere che sono forti e indipendenti?

Zora Neale Hurston (1891-1960)

Scrittore, folclorista e antropologo afroamericano

Zora Neale Hurston ha celebrato la cultura afroamericana del Sud rurale. Ha scritto diversi romanzi e libri di mitologia nera, leggende e folklore.

Zora Neale Hurston è nata il 7 gennaio 1891 a Notasulga, Ala. Anche se dichiarò di essere nata nel 1901 a Eatonville, in Florida, si trasferì con la sua famiglia a Eatonville solo quando era piccola. Quando aveva 16 anni, si unì ad una compagnia teatrale itinerante e finì a New York City durante l'Harlem Renaissance.

Zora Neale Hurston frequentò la Howard University dal 1921 al 1924 e nel 1925 vinse una borsa di studio al Barnard College, dove studiò antropologia sotto Franz Boas. Si è laureata al Barnard nel 1928 e per due anni ha proseguito gli studi di antropologia alla Columbia University. Hurston condusse anche studi sul campo sul folklore tra gli afroamericani del sud. Uno dei risultati di questi studi fu il libro Mules and Men (1935), una raccolta di folklore presentato nel quadro di una narrazione unificante.

Il background di Zora Neale Hurston si rifletteva anche nei suoi romanzi, la maggior parte dei quali incorporava in qualche misura elementi di folklore. Dopo aver studiato ad Haiti e in Giamaica nel 1936, scrisse Their Eyes Were Watching God (1937), ampiamente considerato il suo miglior romanzo. Raccontava la storia della crescita di una giovane donna nera verso la consapevolezza di sé e l'indipendenza. Gli altri romanzi della Hurston furono Jonah's Gourd Vine (1934), il racconto di un predicatore nero; l'allegorico Mosè, Uomo della Montagna (1939); e Seraph on the Suwanee (1948).

Per un certo numero di anni Zora Neale Hurston fu nella facoltà del North Carolina College for Negroes (ora North Carolina Central University) a Durham. Fu anche nello staff della Biblioteca del Congresso. Tracce di polvere su una strada (1942), un'autobiografia, è molto apprezzata. Nonostante le sue prime promesse, al momento della sua morte era poco ricordata dal grande pubblico dei lettori, ma ci fu una rinascita di interesse per il suo lavoro nel tardo 20° secolo.

Diverse altre raccolte sono state pubblicate postume, tra cui Spunk: The Selected Stories (1985), The Complete Stories (1995), e Every Tongue Got to Confess (2001), una raccolta di racconti popolari del Sud. Nel 1995 la Library of America ha pubblicato un set di due volumi delle sue opere nella sua serie. Zora Neale Hurston morì il 28 gennaio 1960 a Fort Pierce, in Florida.

In evidenza

- Nel 1930 Zora Neale Hurston collaborò con Hughes in un'opera teatrale intitolata Mule Bone: A Comedy of Negro Life in Three Acts (pubblicata postuma nel 1991).

- Per un certo numero di anni Zora Neale Hurston era nella facoltà del North Carolina College for Negroes (ora North Carolina Central University) a Durham.
- Nonostante la promessa precoce di Zora Neale Hurston, al momento della sua morte era poco ricordata dal grande pubblico dei lettori, ma ci fu una rinascita di interesse per il suo lavoro alla fine del XX secolo.
- Oltre a Mule Bone, diverse altre raccolte sono state pubblicate postume, tra cui Spunk: The Selected Stories (1985), The Complete Stories (1995) e Every Tongue Got to Confess (2001), una raccolta di racconti popolari del Sud.

---

1. Chi è il tuo eroe femminista nero preferito e perché lo ami?
2. Chi era la tua eroina quando eri piccolo, nella vita reale o in TV/film?
3. Come sarebbe diverso il mondo se fosse gestito da donne (nere) invece che dalla società di oggi?

Mahalia Jackson (1911-1972)

Cantante gospel afroamericano

Con la sua voce roboante e piena di sentimento, la cantante gospel afroamericana Mahalia Jackson cantava inni e spiritual con un'intensità e una ricchezza che la resero famosa in tutto il mondo. Anche se la Jackson avrebbe potuto diventare una cantante blues di successo, decise in giovane età di dedicare il suo talento alla musica di contenuto religioso e la sua energia ad aiutare le persone a vivere in pace e armonia.

Mahalia Jackson nacque il 26 ottobre 1911 a New Orleans, Louisiana, da Johnny Jackson, uno scaricatore di porto, predicatore e barbiere, e da sua moglie Charity, lavandaia e cameriera. Famiglia molto povera, i Jackson erano anche estremamente religiosi. La madre di Mahalia, che morì quando Mahalia aveva 5 anni, era una devota battista, e Mahalia cantava regolarmente inni nel coro della chiesa.

Crescendo a New Orleans, Mahalia Jackson fu anche influenzata dai diversi suoni e ritmi delle strade, così come dalle canzoni della leggendaria cantante blues Bessie Smith. Mentre lo stile blues era popolare tra i neri del sud, la famiglia di Mahalia rifiutava le canzoni blues in quanto decadenti e la scoraggiava dal cantarle.

A 16 anni, Mahalia Jackson andò a vivere con un parente a Chicago, dove sperava di frequentare la scuola per infermiere. Armata solo di un'istruzione di terza media, la Jackson si trovò presto a guadagnare soldi facendo lavori domestici. Dopo essersi unita ad una chiesa battista locale, Jackson fece un'audizione per il coro e fu subito invitata come solista.

La voce del suo talento si diffuse e presto Mahalia Jackson si esibì in altre chiese e ai funerali in tutta l'area di Chicago. Quando il nonno della Jackson ebbe un ictus e cadde in coma, lei promise che se si fosse ripreso, la Jackson non avrebbe mai cantato canzoni che lui avrebbe disapprovato. Lui guarì e lei mantenne la sua promessa, anche se in seguito le furono offerte grandi somme di denaro per eseguire il blues nei nightclub.

A partire dalla fine degli anni '30, Mahalia Jackson trascorse cinque anni in tournée nel paese con il noto compositore Thomas A. Dorsey. Visitarono chiese e tende gospel, dove Jackson cantava inni tradizionali. Avendo guadagnato pochi soldi negli anni di tournée, la Jackson tornò a Chicago e aprì un negozio di bellezza e uno di fiori.

Un giorno Mahalia Jackson si stava esercitando in uno studio di registrazione nel 1946 quando un rappresentante della casa discografica Decca la sentì cantare e le chiese di fare una registrazione. "Move on up a Little Higher" (1946) divenne il suo primo successo. Il singolo divenne disco di platino e la portò alla ribalta nazionale.

Improvvisamente famosa, Mahalia Jackson comprò un'automobile abbastanza grande per dormirci dentro, in modo da avere un posto dove passare la notte quando si esibiva in aree segregate dove i motel rifiutavano le stanze ai neri. Portò anche il suo cibo con sé per non dover frequentare i ristoranti segregati.

Il notevole canto di Mahalia Jackson alla fine attirò il pubblico bianco. La sua popolarità si diffuse a livello nazionale e internazionale. Uno dei concerti più famosi della Jackson ebbe luogo in Israele, dove si esibì per un pubblico di cristiani, ebrei e musulmani.

Mahalia Jackson dedicò gran parte del suo tempo e della sua energia al movimento per i diritti civili degli anni '50 e '60. Partecipò al boicottaggio degli autobus di Montgomery che seguì il rifiuto di Rosa Parks di cedere il suo posto sull'autobus a un bianco. Mahalia Jackson cantò la vecchia e ispirata "I Been 'Buked and I Been Scorned" per più di 200.000 persone alla marcia del 1963 su Washington, D.C., poco prima del famoso discorso di Martin Luther King "I Have a Dream".

Mahalia Jackson morì per insufficienza cardiaca il 27 gennaio 1972, e fu pianto dai fan di tutto il mondo. La sua unica ambizione non realizzata era stata quella di costruire una chiesa non settaria e non confessionale a Chicago. Fu inserita nella Rock and Roll Hall of Fame nella categoria Early Influences nel 1997.

In evidenza

- Mahalia Jackson si impose all'attenzione del grande pubblico negli anni '30, quando partecipò a un tour gospel attraverso il paese cantando canzoni come "He's Got the Whole World in His Hands" e "I Can Put My Trust in Jesus".
- Mahalia Jackson ha cantato alla radio e in televisione e, a partire dal 1950, si è esibita davanti a un pubblico straripante nei concerti annuali alla Carnegie Hall di New York.
- Otto dei dischi di Jackson hanno venduto più di un milione di copie ciascuno.
- Negli anni '50 e '60 Mahalia Jackson era attiva nel movimento per i diritti civili.

Domande di ricerca

---

1. Se potessi scegliere un qualsiasi superpotere o talento, quale sarebbe e perché?

2. Hai delle paure o delle insicurezze che ti trattengono dall'essere pienamente te stesso e dal prendere in mano il tuo futuro?

3. Come possiamo affrontare il razzismo mentre bilanciamo il desiderio di un rapido cambiamento?

Rita Dove (nata nel 1952)

Il primo poeta afroamericano a servire come poeta laureato degli Stati Uniti

"La poesia è il linguaggio nella sua forma più distillata e più potente".

La scrittrice e insegnante afroamericana Rita Dove è stata poetessa laureata degli Stati Uniti dal 1993 al 1995. Nella sua poesia ha affrontato le più grandi dimensioni sociali e politiche dell'esperienza afroamericana principalmente per via indiretta.

Rita Frances Dove è nata il 28 agosto 1952 ad Akron, Ohio. Al liceo è stata classificata tra i migliori 100 studenti del paese nel 1970 e Dove è stata nominata "Presidential Scholar". Si è laureata con il massimo dei voti alla Miami University of Ohio nel 1973 e ha studiato successivamente all'Università di Tubinga in Germania come borsista Fulbright.

Rita Dove ha studiato scrittura creativa all'Università dell'Iowa, dove ha ricevuto un master di belle arti nel 1977, e ha pubblicato il primo di diversi piccoli libri della sua poesia. Dal 1981 al 1989 Dove ha insegnato all'Arizona State University, lasciando quel posto per insegnare all'Università della Virginia.

Nelle sue raccolte di poesie, tra cui The Yellow House on the Corner (1980) e Museum (1983), così come in un volume di racconti intitolato Fifth Sunday (1985), Rita Dove ha concentrato la sua attenzione sui particolari della vita familiare e della lotta personale. Il premio Pulitzer Thomas and Beulah (1986) è un ciclo di poesie che racconta la vita dei nonni materni dell'autrice, nati nel profondo sud alla fine del secolo.

Le opere successive includono le raccolte di poesia The Other Side of the House (1988), Grace Notes (1989), Selected Poems (1993), Mother Love (1995), On the Bus with Rosa Parks (1999), e il romanzo Through the Ivory Gate (1992).

Nel 1993 Rita Dove divenne la persona più giovane e la prima afroamericana ad essere nominata poeta laureato degli Stati Uniti dalla Biblioteca del Congresso. L'opera teatrale di Dove The Darker Face of the Earth (pubblicata nel 1994) fu prodotta per la prima volta nel 1996.

In evidenza

- Rita Dove ha studiato scrittura creativa all'Università dell'Iowa (M.F.A., 1977) e ha pubblicato il primo dei suoi numerosi libri di poesia nel 1977.
- Nelle sue raccolte di poesie, tra cui The Yellow House on the Corner (1980) e Museum (1983), così come un volume di racconti intitolato Fifth Sunday (1985), Dove ha concentrato la sua attenzione sui particolari della vita familiare e della lotta personale, affrontando le più ampie dimensioni sociali e politiche dell'esperienza nera principalmente per via indiretta.
- Nel 1993 Rita Dove fu nominata poeta laureato degli Stati Uniti dalla Biblioteca del Congresso, diventando la persona più giovane e la prima afroamericana a ricoprire la carica.
- Nel 2018 Dove è stato nominato redattore di poesia del New York Times Magazine.

1. Qual è il tuo libro preferito scritto da una donna nera?
2. Quale personaggio nero (femminile) famoso, influente e senza paura ammiri di più?
3. In che modo avere un modello di ruolo nero come lei avrebbe cambiato la traiettoria della sua vita?

Il tuo regalo

Hai un libro nelle tue mani.

Non è un libro qualsiasi, è un libro della Student Press Books! Scriviamo di eroi neri, donne che danno potere, mitologia, filosofia, storia e altri argomenti interessanti!

Dato che hai comprato un libro, vogliamo che tu ne abbia un altro gratis.

Tutto ciò di cui hai bisogno è un indirizzo e-mail e la possibilità di iscriverti alla nostra newsletter (il che significa che puoi cancellarti in qualsiasi momento).

Allora, cosa stai aspettando? Iscriviti oggi e richiedi il tuo libro gratis all'istante! Tutto quello che devi fare è visitare il link qui sotto e inserire il tuo indirizzo e-mail. Ti verrà inviato il link per scaricare subito la versione PDF del libro in modo da poterlo leggere offline in qualsiasi momento.

E non preoccupatevi - non ci sono fregature o costi nascosti; solo un buon vecchio omaggio da parte nostra qui a Student Press Books.

Visita subito questo link e iscriviti per ricevere la tua copia gratuita di uno dei nostri libri!

Link: https://campsite.bio/studentpressbooks

Libri

I nostri libri sono disponibili in tutti i principali rivenditori di libri online.
Guarda i nostri pacchetti di libri digitali qui:
https://payhip.com/studentPressBooksIT

La serie di libri dedicata alla Storia dei Neri.

Benvenuti nella serie di libri dedicata alla storia dei neri. Imparate a conoscere quali sono i punti di riferimento nel panorama nero con queste ispiranti biografie di pionieri e pioniere dell'America, dell'Africa e dell'Europa. Sappiamo tutti che la Storia Nera è importante, ma purtroppo può essere difficile trovare dei buoni materiali da leggere.

Molti di noi hanno familiarità con i più noti protagonisti della cultura popolare e dei libri di storia, ma in questi volumi verranno presentati anche anche uomini e donne neri meno conosciuti di tutto il mondo, le cui storie meritano di essere raccontate. Questi libri biografici vi aiuteranno a capire meglio come le sofferenze e le azioni delle persone hanno plasmato i loro paesi e le loro comunità per le generazioni a venire.

Titoli disponibili:

1. 21 leader neri ispiratori: Le vite di importanti personaggi influenti del 20° secolo: Martin Luther King Jr., Malcolm X, Bob Marley e altri
2. 21 donne nere eccezionali: Storie di donne nere influenti del 20° secolo: Daisy Bates, Maya Angelou e altre

La serie di libri Empowerment Femminile.

Benvenuti alla serie di libri Empowerment femminile. Imparate a conoscere le impavide icone femminili dei tempi moderni con le ispiranti biografie delle pioniere di tutto il mondo. L'empowerment femminile è un argomento importante che merita più attenzione di quanta ne riceva. Per secoli alle donne è stato detto che il loro posto era in casa, ma molte di loro si sono rifiutate di crederlo.

Le donne sono ancora poco rappresentate nei libri di storia, le poche che vengono nominate nei libri di testo di solito tendono ad essere relegate in poche righe. Eppure, la storia è piena di storie di donne forti, intelligenti e indipendenti che hanno superato gli ostacoli e cambiato il corso degli eventi semplicemente perché volevano vivere la loro vita.

Questi libri biografici ti ispireranno insegnandoti anche preziose lezioni sulla perseveranza e il superamento delle avversità! Impara da questi esempi che tutto è possibile se ci si impegna!

Titoli disponibili:

1. 21 donne eccezionali: Le vite delle intrepidi donne che hanno combattuto per la libertà superando tutti i confini: Angela Davis, Marie Curie, Jane Goodall e altre
2. 21 donne ispiratrici: Le vite di donne coraggiose e influenti del 20° secolo: Kamala Harris, Madre Teresa e altre
3. 21 donne fantastiche: Le ispiranti vite di artiste femminili del 20° secolo: Madonna, Yayoi Kusama e altre
4. 21 donne fantastiche: Le vite influenti di audaci donne di scienza del 20° secolo

La serie di libri Leader Mondiali.

Benvenuti nella serie di libri sui leader mondiali. Scopri i protagonisti Reali e i presidenti del Regno Unito, degli Stati Uniti e di altri paesi. Grazie a queste biografie dei Reali, dei Presidenti e dei Capi di Stato, imparerai a conoscere meglio chi sono le persone che hanno avuto il coraggio di guidare una nazione, il tutto correlato da citazioni, curiosità e immagini.

La gente è affascinata dalla storia, dalla politica e da coloro che l'hanno plasmata. Questi libri presentano nuove prospettive sulla vita di tali personaggi importanti. Questa serie è perfetta per chiunque voglia saperne di più sui grandi leader del nostro mondo: giovani lettori ambiziosi e adulti che amano leggere di persone interessanti.

Titoli disponibili:

1. Gli 11 reali britannici: La biografia della famiglia Windsor: la regina Elisabetta II e il principe Filippo, Harry e Meghan e altri
2. I 46 presidenti americani: Le loro storie, imprese e lasciti: da George Washington a Joe Biden
3. I 46 presidenti americani: Le loro storie, imprese e lasciti - Edizione estesa

La serie di libri Mitologia accattivante.

Benvenuti nella serie di libri Mitologia accattivante. Scopri gli dèi e le dee dell'Egitto e della Grecia, le divinità nordiche e altre creature mitologiche.

Chi sono questi antichi dèi e dee? Cosa sappiamo di loro? Chi erano veramente? Perché la gente li adorava nell'antichità e da dove venivano?

Questi libri presentano nuove prospettive sugli antichi dèi che ispireranno i lettori a considerare il loro posto nella società e a conoscere la storia.

Questi libri di mitologia prendono in considerazione anche fattori influenti come la religione, la letteratura e l'arte in un formato accattivante con foto e illustrazioni suggestive.

Titoli disponibili:

1. Antico Egitto: Una guida alle divinità egizie misteriose: Amon-Ra, Osiride, Anubi, Horus e altre
2. Antica Grecia: Una guida agli dèi, dee, divinità, titani ed eroi greci classici: Zeus, Poseidone, Apollo e altri
3. Antichi racconti norreni: Scopri gli dèi, le dee e i giganti dei vichinghi: Odino, Loki, Thor, Freia e altri

La serie di libri Teoria Semplice.

Benvenuti alla serie di libri Teoria Semplice. Scopri la filosofia, le idee dei filosofi antichi e altre teorie interessanti. Questi libri presentano le biografie e le idee dei filosofi più noti di luoghi chiave come l'antica Grecia e la Cina.

La filosofia è una materia complessa e molte persone fanno fatica a capirne anche solo le basi. Questi libri sono progettati per aiutarti ad imparare di più sulla filosofia e sono unici grazie al loro approccio semplice. Capire a fondo la filosofia non è mai stato così facile o divertente come in questo caso. Inoltre, ogni volume include anche delle domande in modo che tu possa scavare più a fondo nei tuoi pensieri e nelle tue opinioni!

Titoli disponibili:

1. Filosofia greca: Le vite e le idee dei filosofi dell'antica Grecia: Socrate, Platone, Pitagora e altri

2. Etica e morale: Filosofia morale, bioetica, sfide mediche e filosofi correlati

La serie di libri Empowerment dei giovani imprenditori

Benvenuti alla serie di libri dedicati all'Empowerment dei Giovani Imprenditori. Non è mai troppo presto per i giovani ambiziosi per iniziare a far carriera! Che tu sia un giovane dalla mentalità imprenditoriale che sta cercando di costruire il proprio impero, o un aspirante imprenditore che sta iniziando a risalire la strada lunga e tortuosa, questi libri ti ispireranno con le storie di imprenditori di successo.

Scopri le loro vite, i loro fallimenti e successi che ti faranno venire voglia di prendere il controllo della tua vita invece di viverla passivamente!

Titoli disponibili:

1. 21 Imprenditori di successo: Le vite di importanti personaggi influenti del 20° secolo: Elon Musk, Steve Jobs e altri
2. 21 Imprenditori rivoluzionari: Le vite di incredibili uomini d'affari del 19° secolo: Henry Ford, Thomas Edison e altri

La serie di libri Storia facile.

Benvenuto nella serie di libri Storia facile. Esplora vari soggetti storici dall'età della pietra ai tempi moderni, più le idee e le persone influenti che hanno vissuto nel corso dei secoli.

Questi libri sono un ottimo modo per farvi appassionare alla storia. Le persone sono spesso scoraggiate da libri di testo pesanti e noiosi, ma amano le storie delle persone comuni che hanno fatto la differenza nel mondo. Questi volumi ti daranno l'opportunità di scoprire le loro storie imparando importanti informazioni storiche.

Titoli disponibili:

1. La prima guerra mondiale: La prima guerra mondiale, le sue grandi battaglie, le persone e le forze coinvolte
2. La Seconda Guerra Mondiale: La storia della seconda guerra mondiale, Hitler, Mussolini, Churchill e altri protagonisti coinvolti
3. L'Olocausto: I nazisti, l'ascesa dell'antisemitismo, la Notte dei cristalli e i campi di concentramento di Auschwitz e Bergen-Belsen
4. La rivoluzione francese: L'Ancien régime, Napoleone Bonaparte e le guerre rivoluzionarie francesi, napoleoniche e della Vandea

I nostri libri sono disponibili in tutti i principali rivenditori di libri online. Guarda i nostri pacchetti di libri digitali qui:

https://payhip.com/studentPressBooksIT

Conclusione

Speriamo che ti sia piaciuto leggere le storie ispiranti di queste 21 donne nere del 20° secolo. Da Bessie Coleman a Miriam Makeba, queste persone sono un'ispirazione e speriamo che tu abbia imparato qualcosa di nuovo!

Hai letto di come queste icone femminili hanno superato le avversità attraverso l'educazione e il duro lavoro, lasciando il segno lungo la strada. Qualcuna di queste donne nere ti ha ispirato particolarmente?

Le 21 storie affascinanti raccolte in questo libro non riguardano solo il successo di queste donne, ma anche le loro vite. Molte hanno affrontato le difficoltà sulla loro strada per raggiungere ciò che volevano e ripagare la società. Hanno dovuto combattere delle lotte difficili, ma ne è valsa la pena quando si guarda i successi che hanno avuto!

Speriamo che tu abbia imparato molto da questo libro. Rileggilo qualche volta!

Hai letto questa lettura educativa? Cosa ne pensi? Faccelo sapere con una bella recensione del libro!

Ci piacerebbe molto, quindi assicurati di scriverne una!